LIBRO DE TÉCNICA E INTERPRETACIÓN

Este libro pertenece a: ______________________________

Traducido y editado por Isabel Otero Bowen
y Ana Cristina González Correa

Agradecimiento a Mintcho Badev
Coordinador de producción: Jon Ophoff
Portada e ilustraciones: Terpstra Design, San Francisco
Grabado y tipografía: Dovetree Productions, Inc.

ISBN 978-1-61677-665-7

ÍNDICE

Haz un seguimiento de tu progreso: colorea o pega una estrella al lado de cada pieza o ejercicio.

SECRETOS TÉCNICOS, NIVEL 3

Los cinco "secretos técnicos" del Nivel 3 se deben aprender gradualmente.
El Libro de lecciones y teoría de *Piano Adventures*® menciona los "secretos" uno a la vez.
Las correlaciones se muestran en la parte inferior de la página.

El profesor debe demostrar cada secreto técnico al introducirlo.

Cinco secretos técnicos

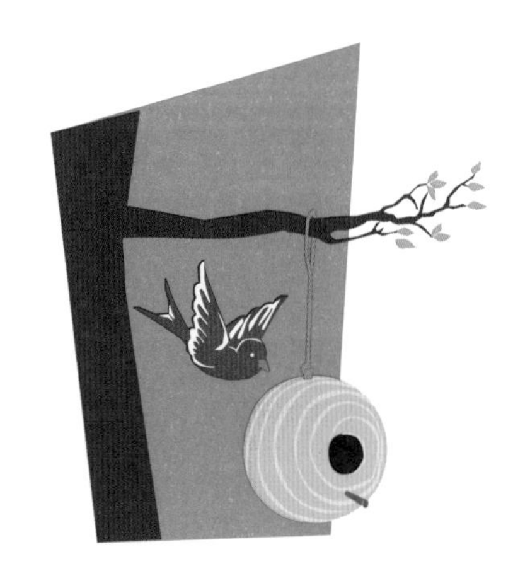

1. El primer secreto es MANTENER LAS PUNTAS DE LOS DEDOS FIRMES.

Ejercicio: El nido de pajarito

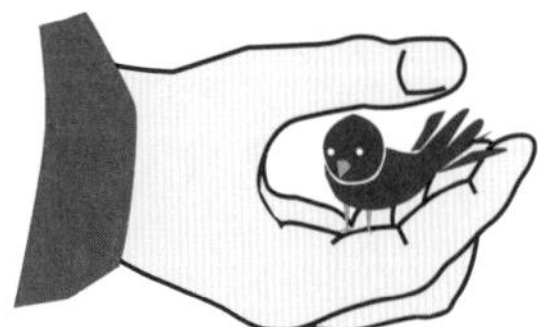

- Voltea las palmas hacia arriba y deja que los dedos formen naturalmente un nido. Imagina que estás sosteniendo un pajarito.
- Manteniendo la posición redonda, voltea de nuevo las manos y ponlas sobre las teclas. ¡**Mantén las puntas de los dedos firmes**!
- ¿Hay todavía suficiente espacio para el pajarito debajo de tu mano?

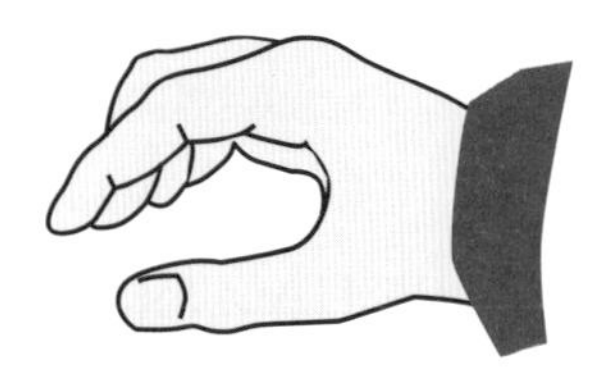

2. El segundo secreto es LA HABILIDAD DE TOCAR CON LAS MANOS JUNTAS.

Ejercicio: Trabajo en equipo
(escala de DO de 5 dedos en el teclado)

- Toca el siguiente patrón con **ambas manos** en la escala de DO de 5 dedos. Tus dedos tocarán en movimiento contrario—los *mismos* dedos, ¡en dirección opuesta!

Tócalo 4 veces LENTO y ***forte***.
Tócalo 4 veces RÁPIDO y ***piano***.

‖: 5 - 3 - 1 - 3 - 5 - 3 - 1 :‖

Lecciones y teoría, páginas 8 (Marcha de los santos), 11 (Gente famosa)

3. El tercer secreto es un PULGAR LIVIANO.

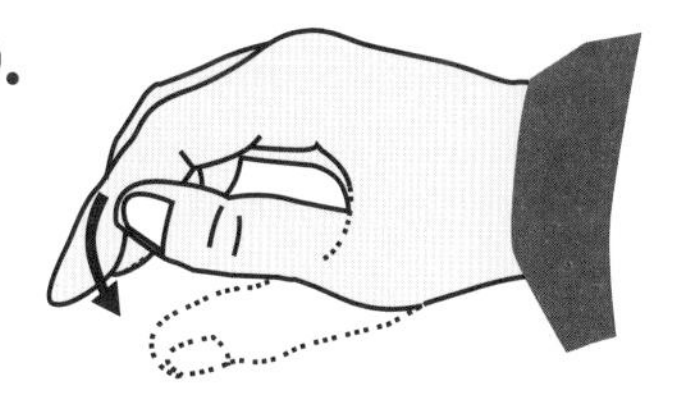

Ejercicio: El pulgar bailarín
(sobre la tapa cerrada del piano)

- Equilibra los **dedos 2, 3, 4 y 5 de la M.D.** sobre sus puntas. Deja que el pulgar cuelgue relajado.
- Marca este ritmo suavemente, con el pulgar recostado sobre *el lado* de la uña.

Repite el ejercicio con la M.I. y luego con ambas manos.

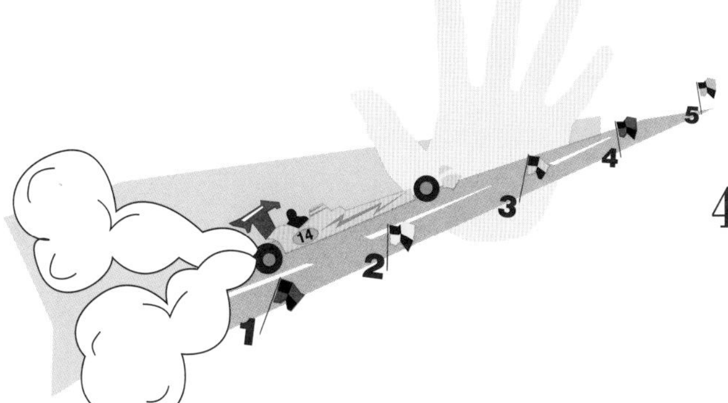

4. El cuarto secreto es tener DEDOS RÁPIDOS.

Ejercicio: Los dedos veloces
(sobre la tapa cerrada del piano)

- Pon la M.D. en posición redonda.
  Practica el siguiente patrón de digitación de dos formas:

Tócalo 4 veces LENTO y ***forte***. Tócalo 4 veces RÁPIDO y ***piano***.	𝄆 1 - 3 - 5 - 4 - 3 𝄇

- Haz lo mismo con la M.I.

5. El quinto secreto es ELEVAR LA MUÑECA.

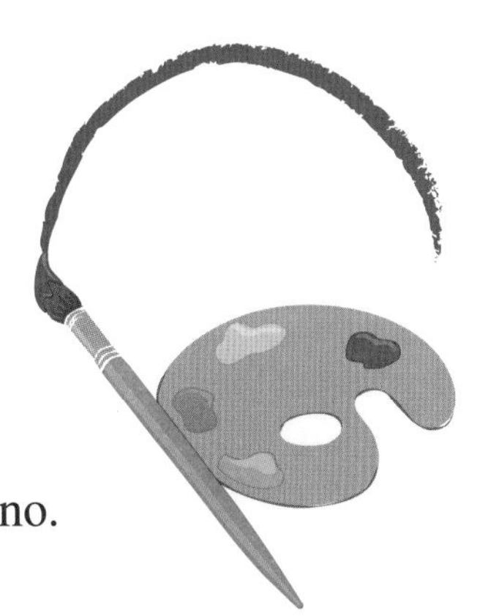

Ejercicio: Pinta un arcoíris
(presionando el pedal de resonancia)

Imagina que estás pintando formas de arcoíris en el piano.

- Toca el DO Central con el dedo 3 de la M.D.
- Deja que la muñeca se eleve lentamente y llegue suavemente a cada DO mientras subes por el teclado. Los movimientos de arcoíris te ayudarán a hacerlo con elegancia.
- Repite el ejercicio con el dedo 3 de la M.I. Toca cada DO mientras bajas por el teclado.

Lecciones y teoría, páginas 12 (Variación sobre *Fray Jacobo*), 24 (Pin Pon), 28 (Ensueño)

Movimiento paralelo: las dos manos tocan notas que se mueven en la MISMA dirección. ¿Sucede esto en los primeros dos ejercicios?

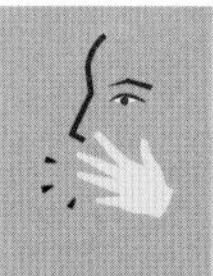

Secreto técnico:

Mantener las puntas de los dedos firmes (página 4)

Calentamiento: *El nido de pajarito.*

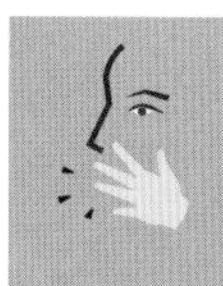

Secreto técnico:

La habilidad de tocar con las manos juntas (página 4)

Calentamiento: *Trabajo en equipo.*

Consejos para practicar:

- Primero toca con las manos separadas.
- Luego toca l-e-n-t-a-m-e-n-t-e con **ambas manos**.
- Aumenta la velocidad poco a poco hasta llegar a un *tempo* más rápido.

Lugares agitados

Escala de _____ de 5 dedos

El mercado

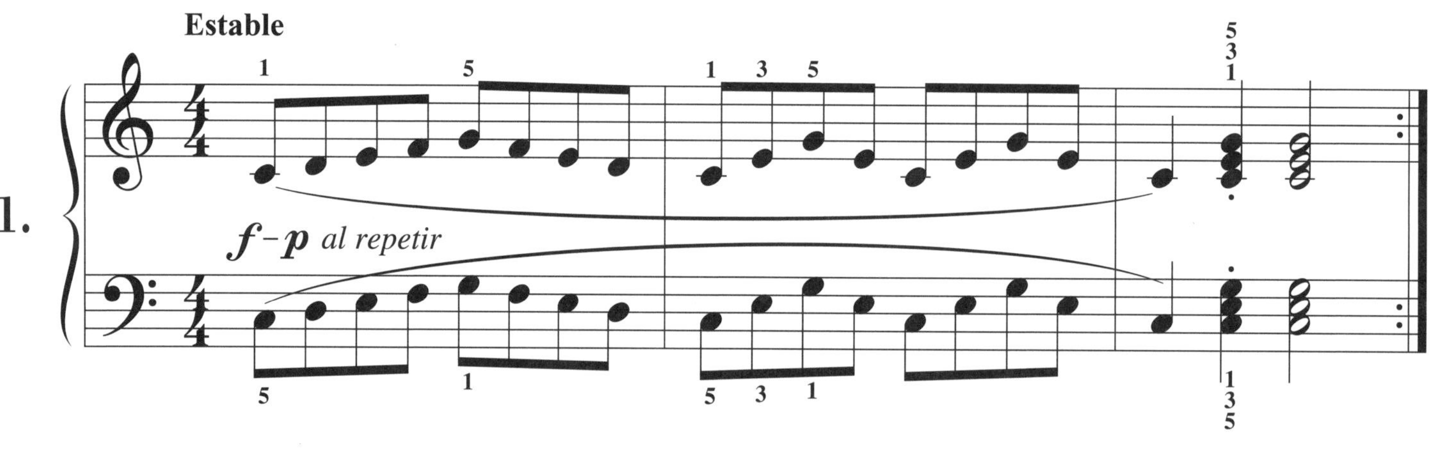

La estación de trenes

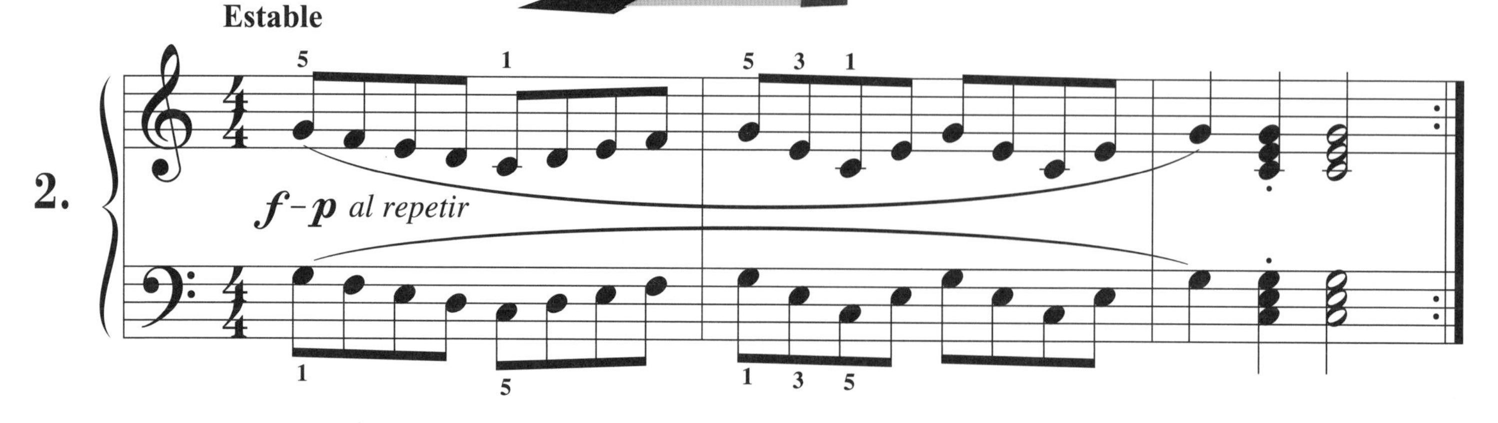

Movimiento contrario: las dos manos tocan notas que se mueven en dirección OPUESTA. El siguiente ejercicio está en movimiento contrario.

Nota para el profesor: estos ejercicios se pueden transponer a medida que los estudiantes van aprendiendo las escalas de 5 dedos. Las 12 escalas mayores de 5 dedos y las 7 escalas menores que empiezan en teclas blancas aparecen en las páginas 42-47.

Calentamiento: *El pulgar bailarín.*

Corre y salta

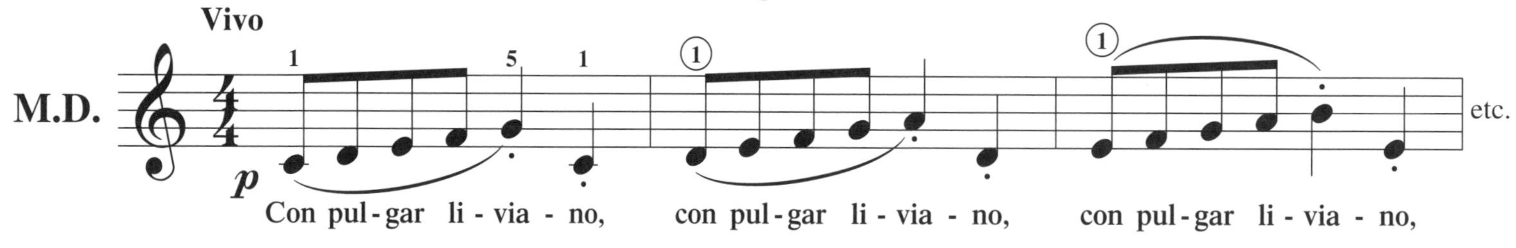

⟶ Sigue SUBIENDO por el teclado, empezando el patrón en **FA**, **SOL**, **LA**, **SI** y **DO**.

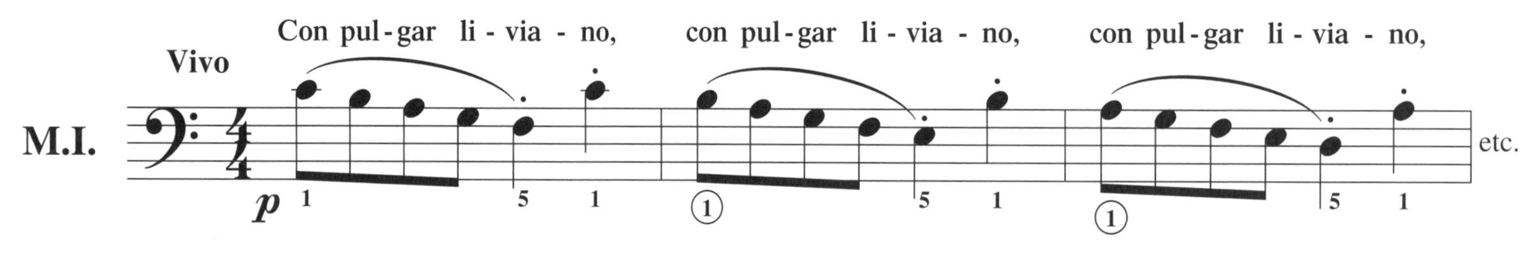

⟵ Sigue BAJANDO por el teclado, empezando el patrón en **SOL**, **FA**, **MI**, **RE** y **DO**.

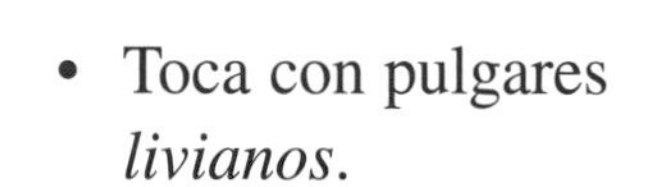

Corre, salta y brinca

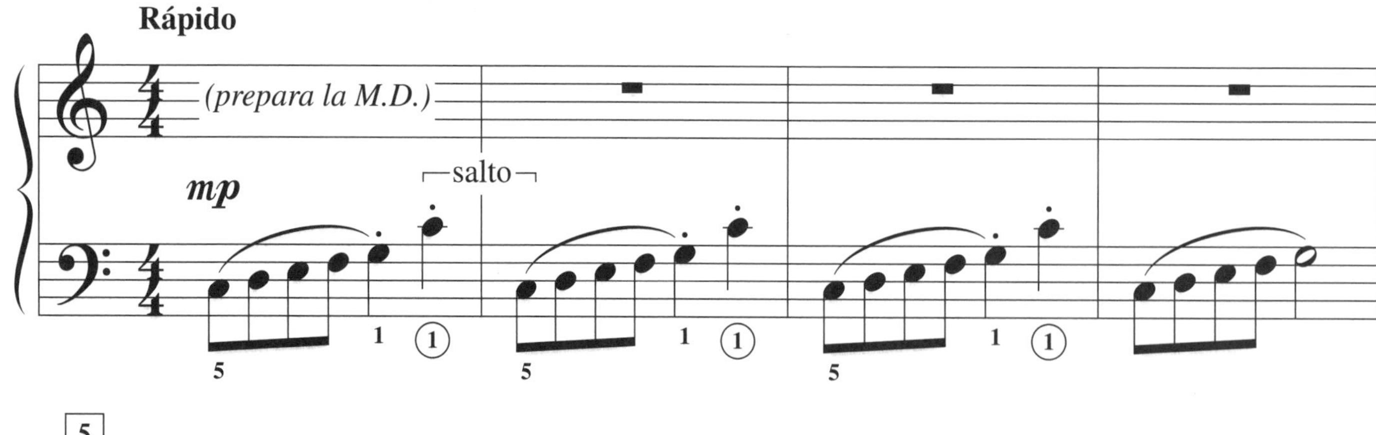

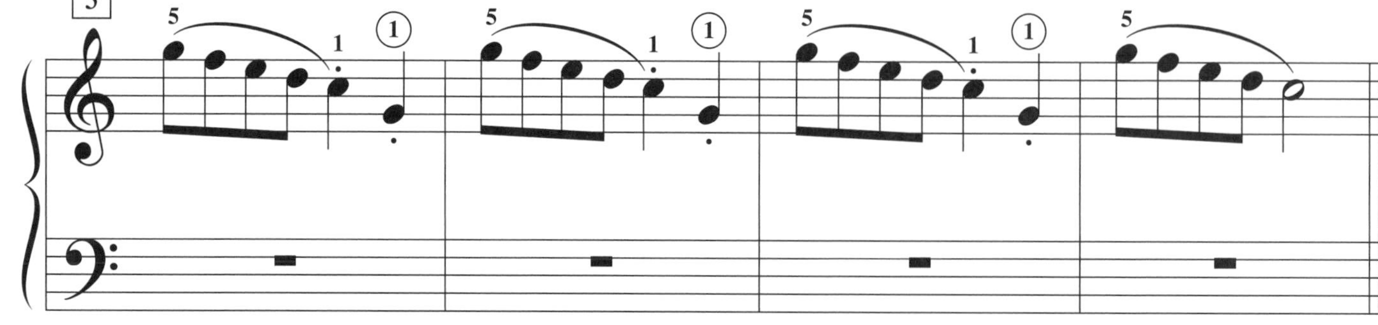

Lecciones y teoría, página 12 (Variación sobre *Fray Jacobo*)

Para prepararte:

- Señala los compases donde el pulgar liviano te ayudará a tocar con rapidez.

Auto de carreras

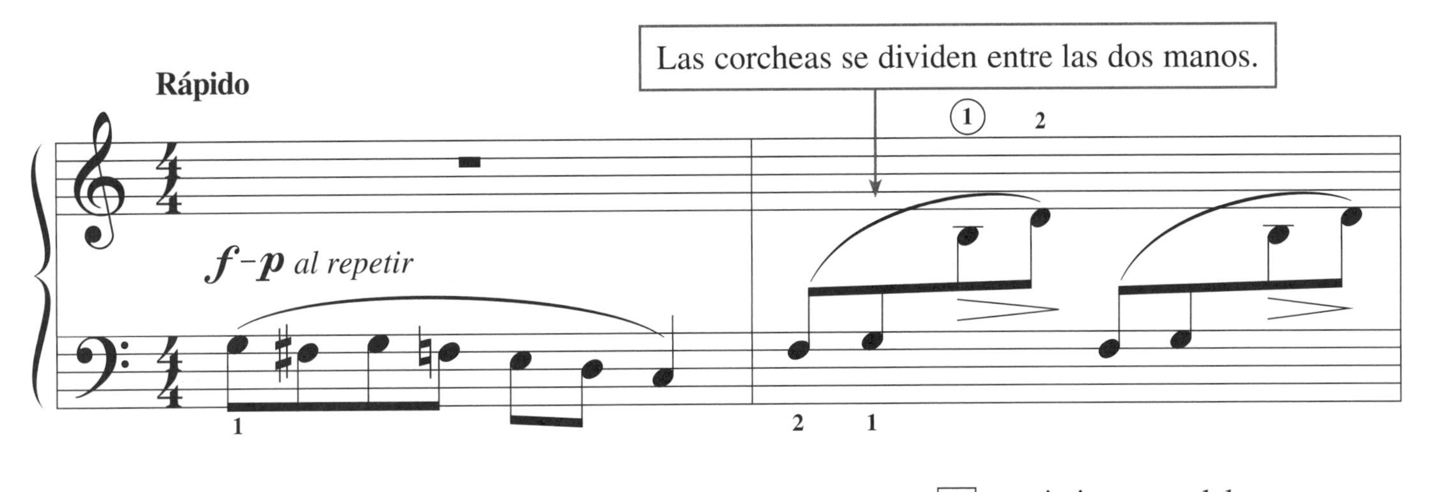

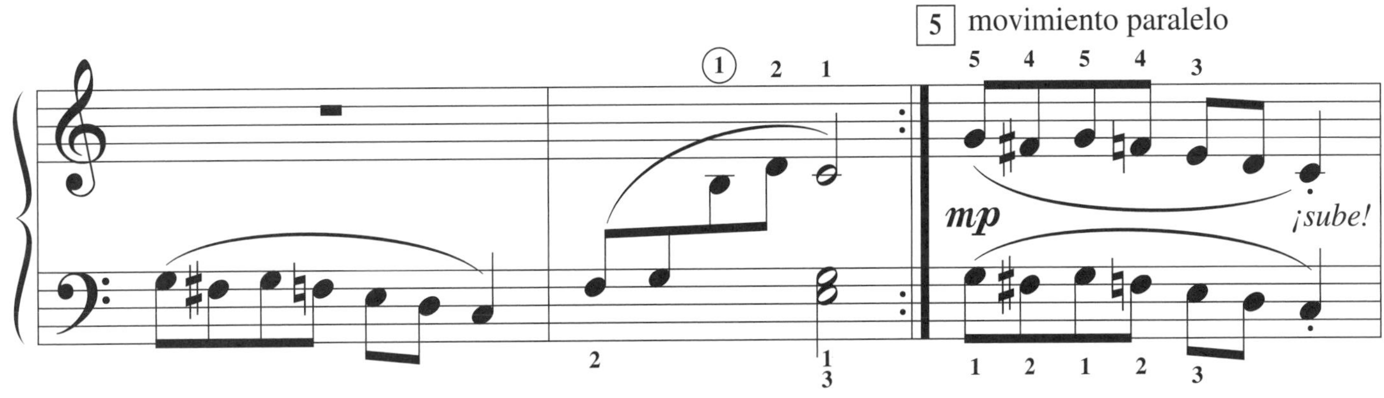

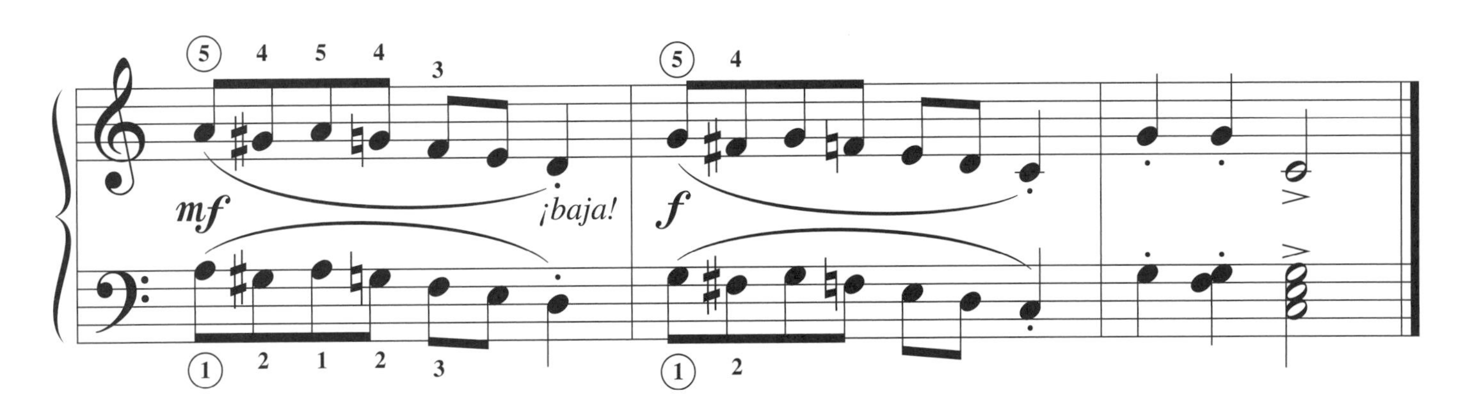

Acompañamiento para el profesor (el alumno toca *1 octava más alto*):

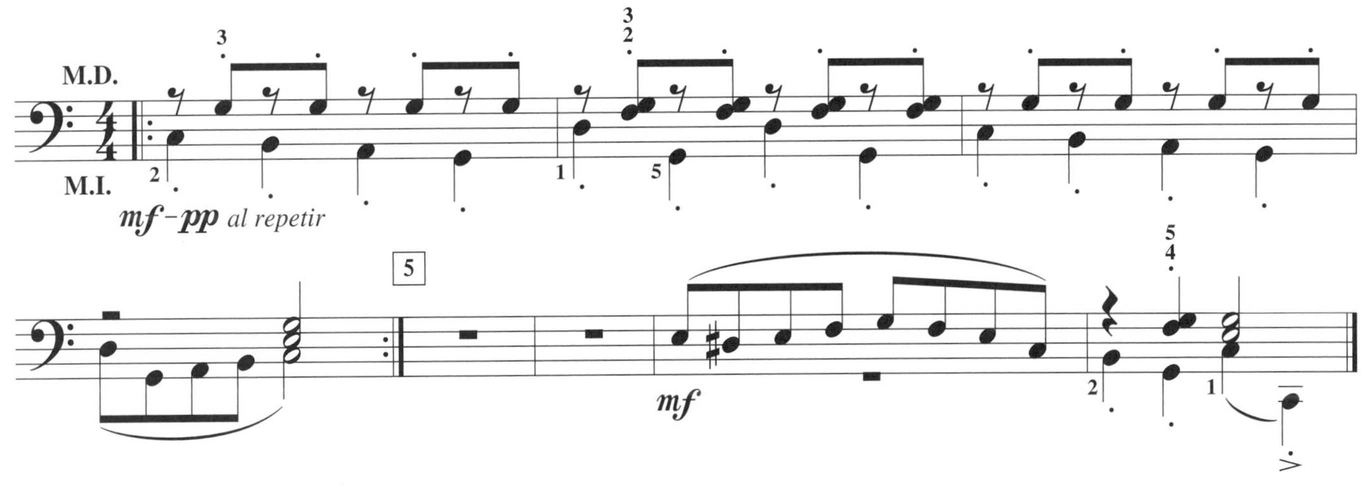

Lecciones y teoría, página 14 (Palomitas de maíz)

Sonatina de cinco notas

- En esta sonatina, ¿las manos tocan en movimiento **paralelo** o movimiento **contrario**?

Oscar Bolck
(1839-1888, Alemania)

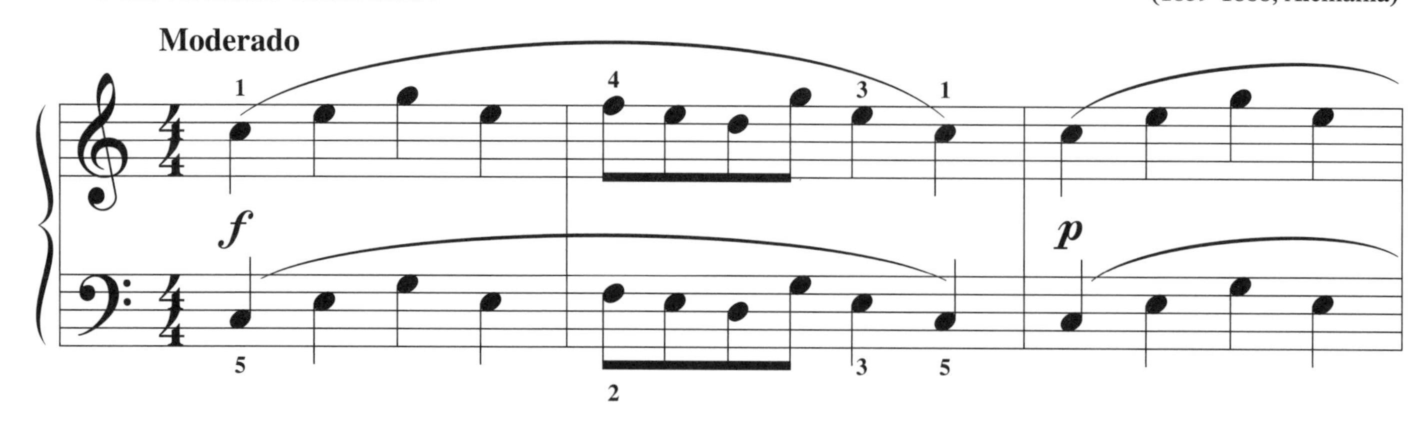

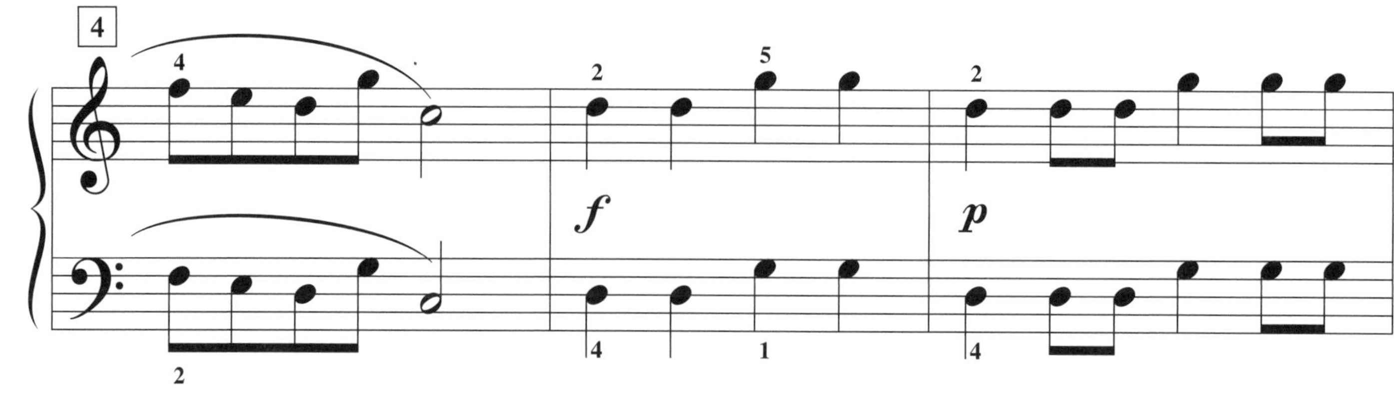

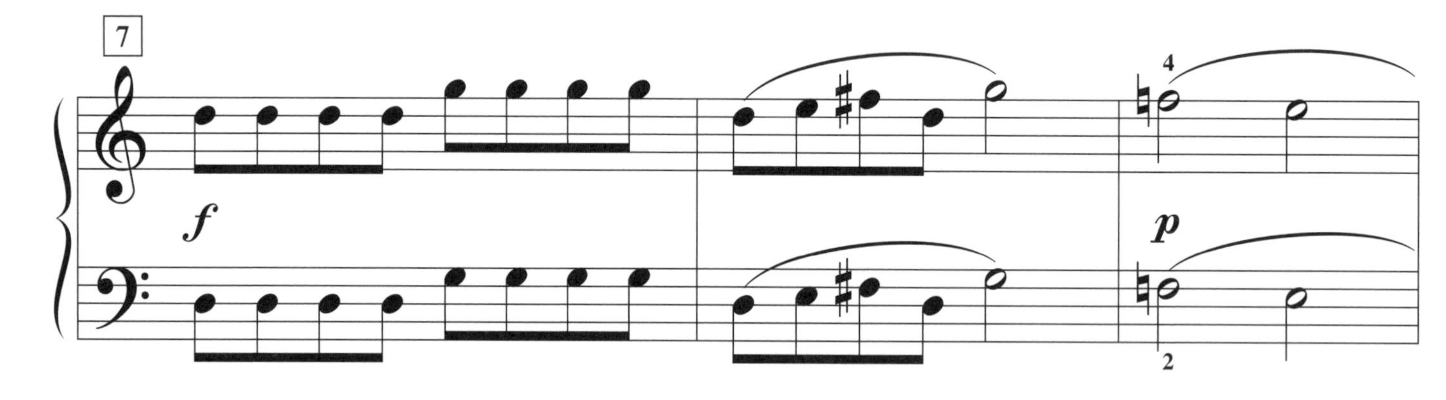

(acompañamiento de Nancy y Randall Faber)

Acompañamiento para el profesor:

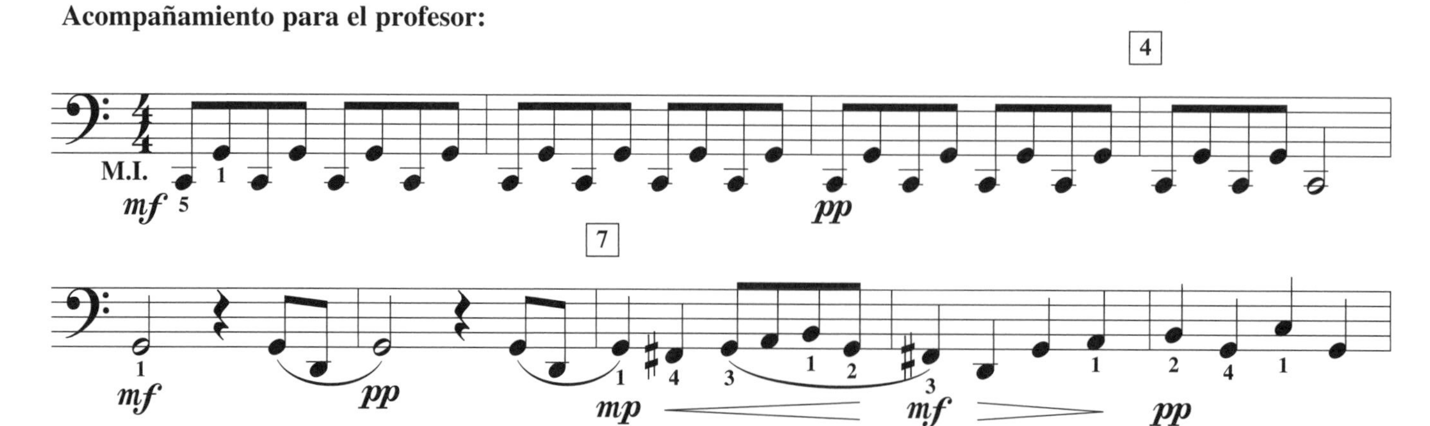

Lecciones y teoría, páginas 20-21 (La famosa canción de cuna del señor Brahms)

DESCUBRIMIENTO

¿Puedes transponer la *Sonatina de cinco notas* a la **escala de SOL de 5 dedos**?

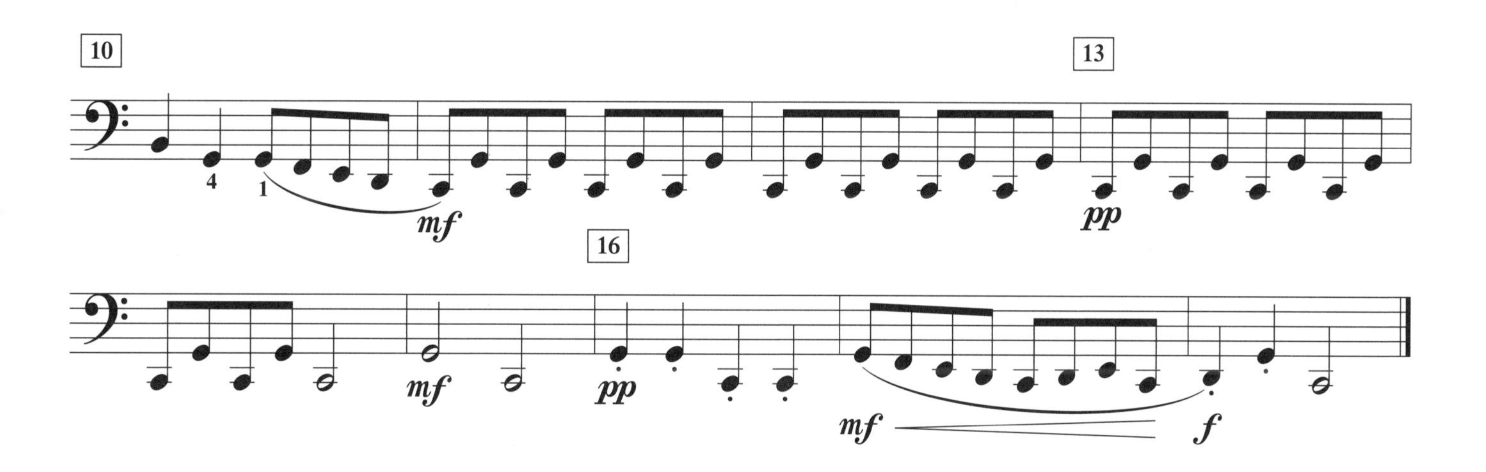

Calentamiento: *Los dedos veloces.*

El patrón del señor Haydn
(para la M.D.)

Escalas de DO y SOL de 5 dedos

El patrón del señor Haydn
(para la M.I.)

Escalas de DO y SOL de 5 dedos

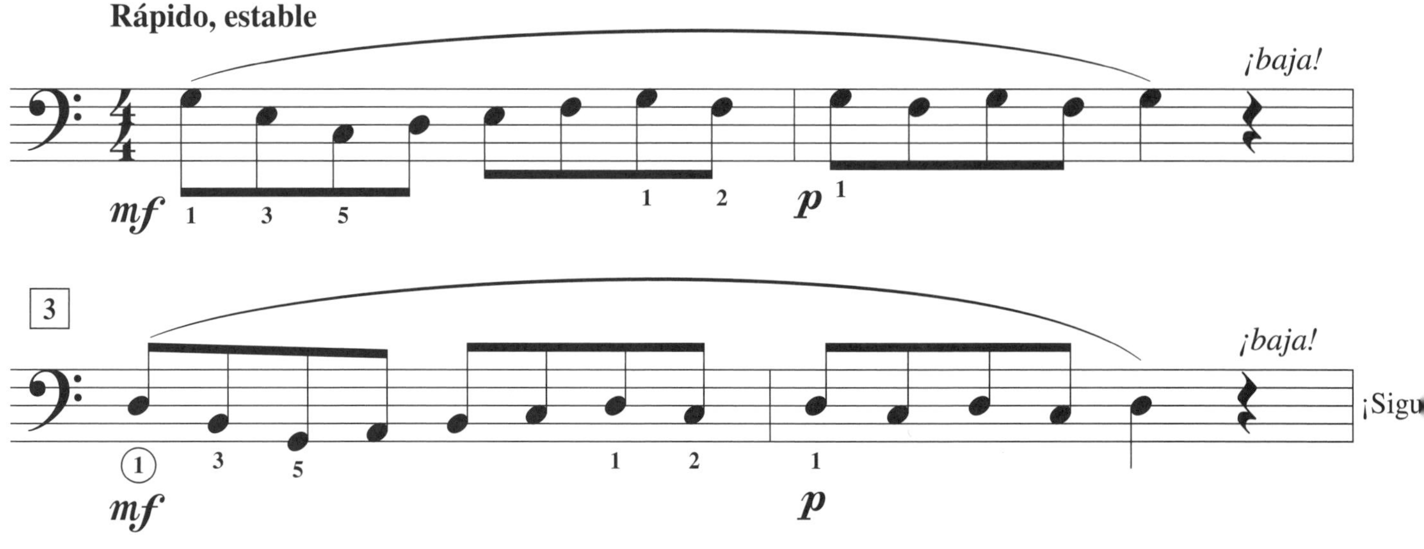

Repite el patrón de nuevo empezando en el siguiente SOL.
Toca un DO GRAVE para terminar.

 Lecciones y teoría, página 24 (Pin Pon)

El ***crescendo*** y el ***diminuendo*** son herramientas importantes para tocar con expresión.

- Cuando tocas cada *crescendo* y *diminuendo* en este estudio, imagina cómo van cambiando los colores del atardecer.

Un atardecer multicolor

Escala de _____ de 5 dedos

Presiona el pedal de resonancia durante toda la pieza.

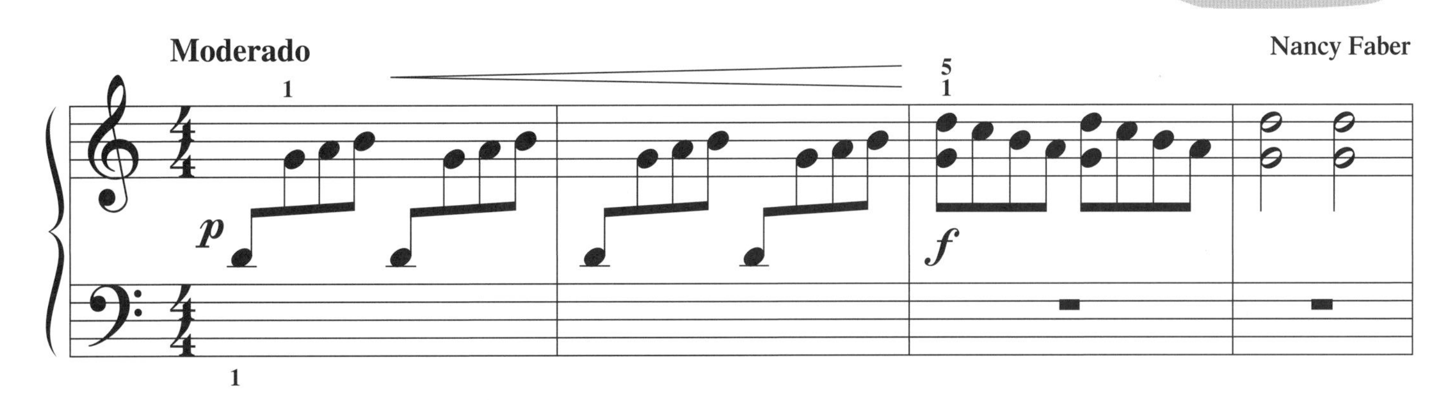

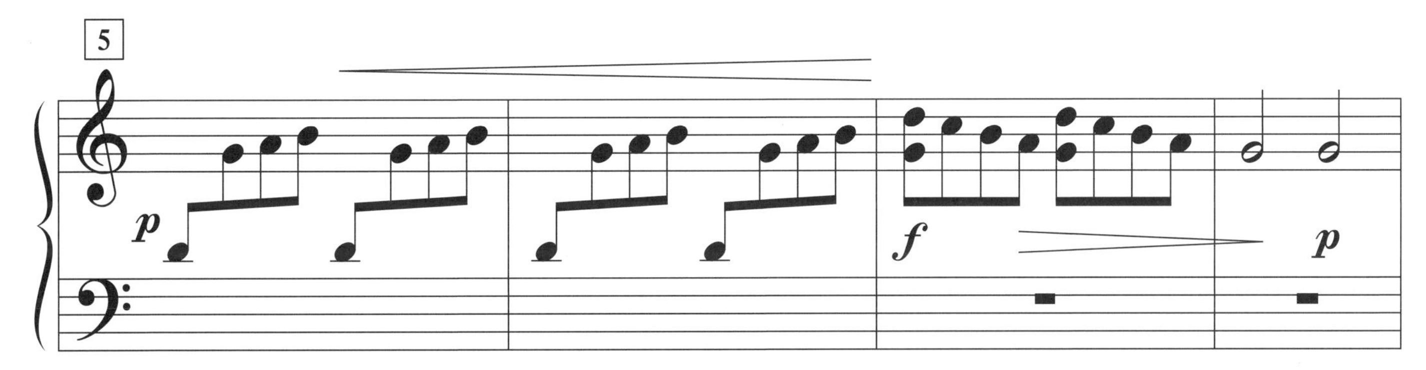

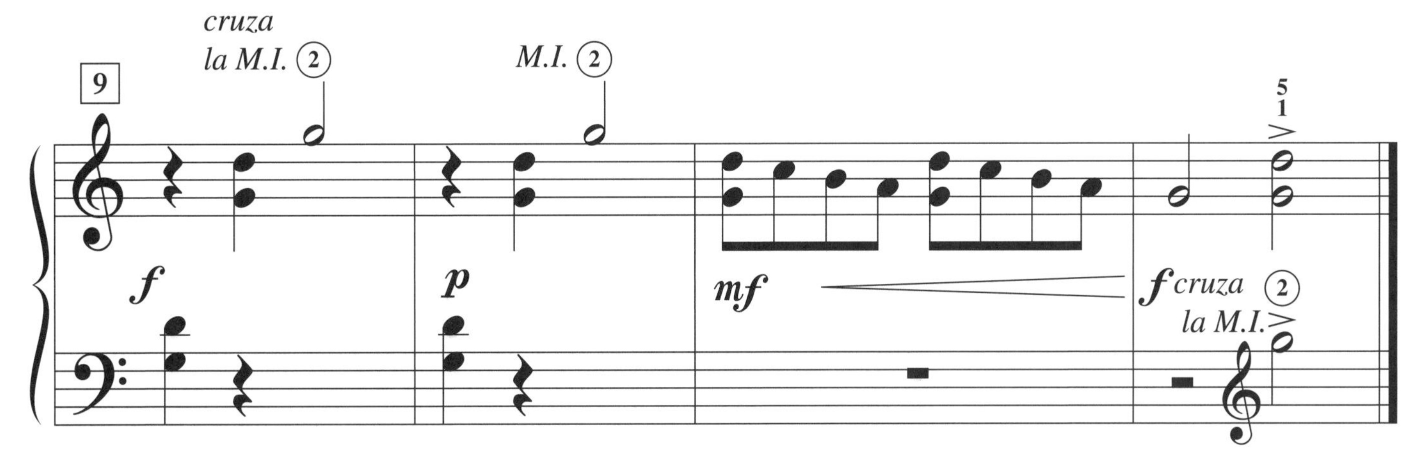

Acompañamiento para el profesor (el alumno toca *1 octava más alto,* el profesor presiona el pedal durante el dueto):

Lecciones y teoría, página 30 (¡El reloj marca las 13!)

Coro de cazadores

de la ópera *El cazador furtivo*

Carl Maria von Weber
(1786-1826, Alemania)
adaptación

Moderadamente rápido

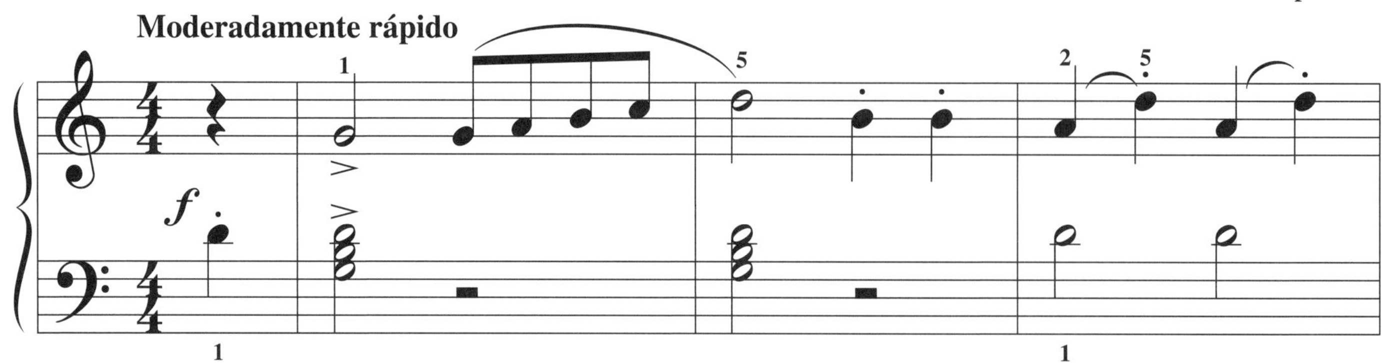

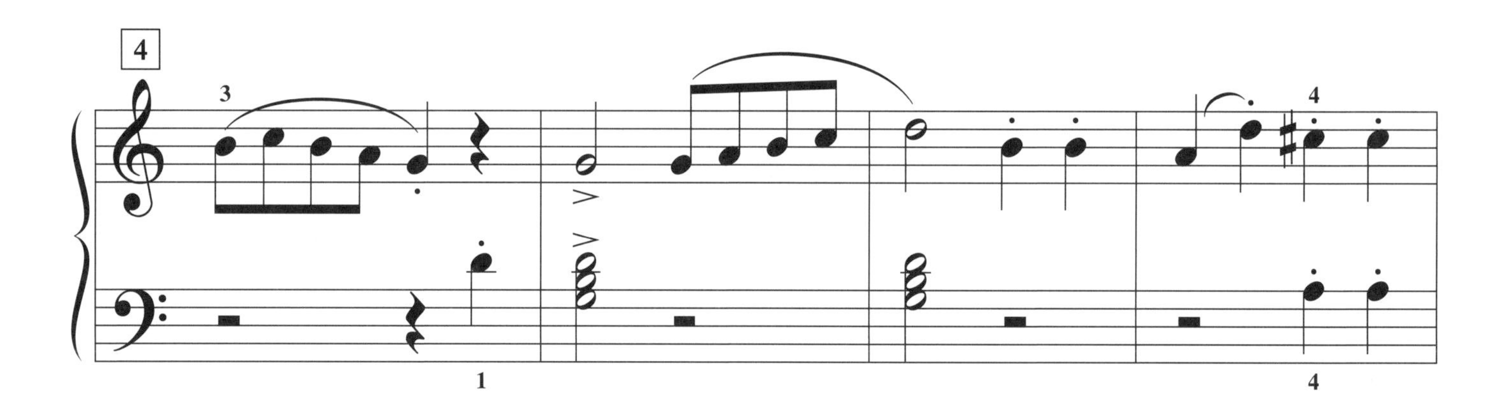

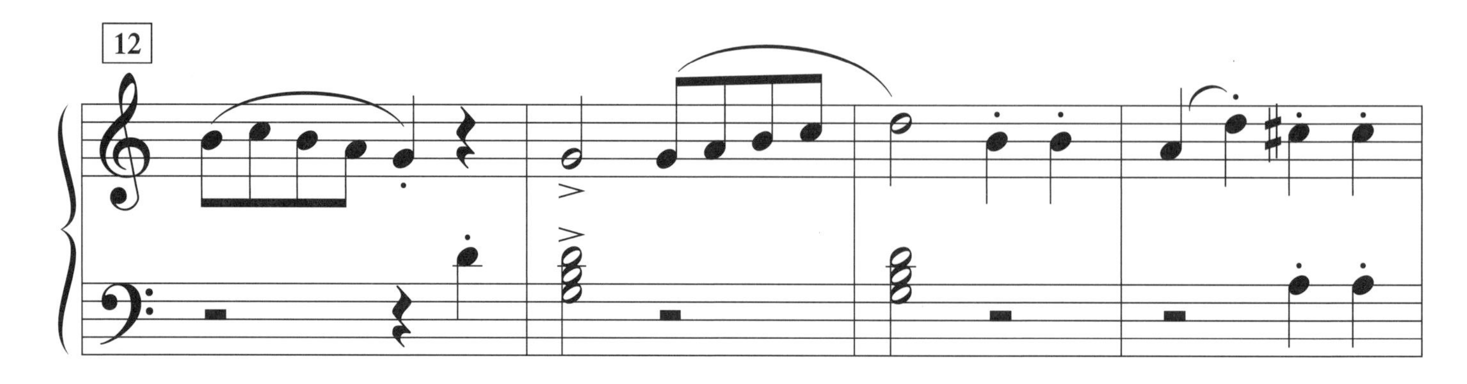

Lecciones y teoría, página 31 (Arroz con leche)

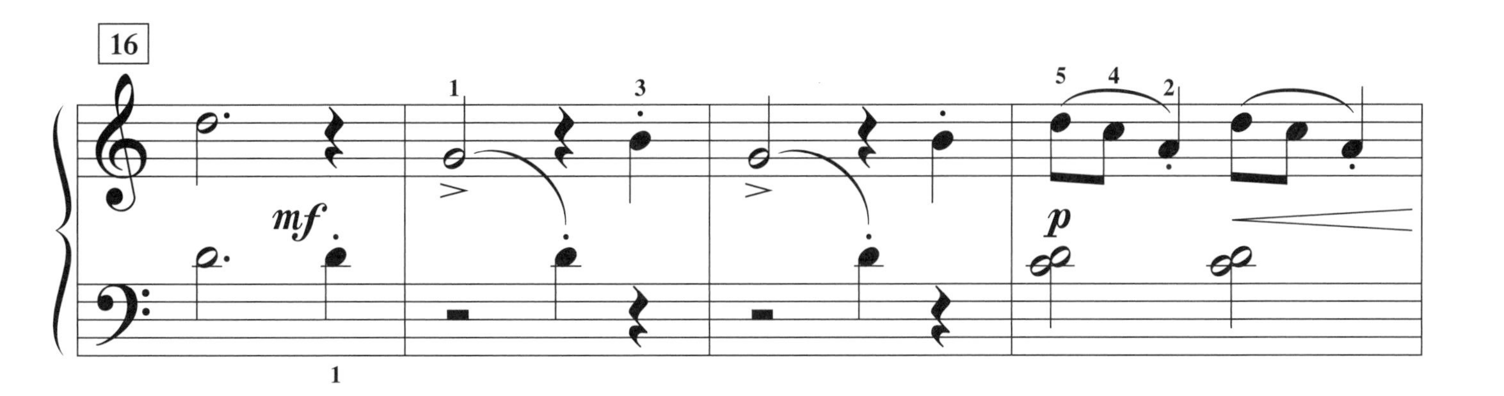

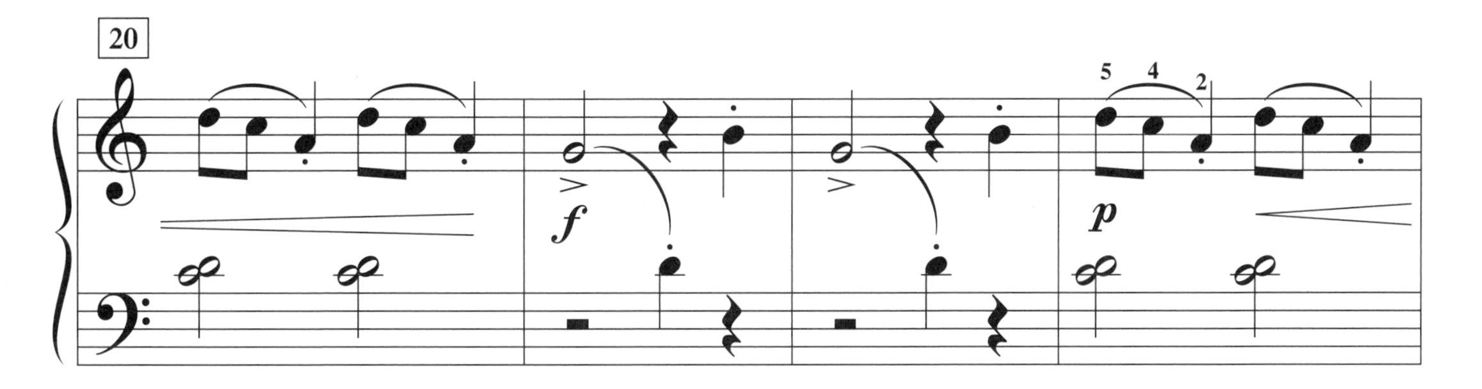

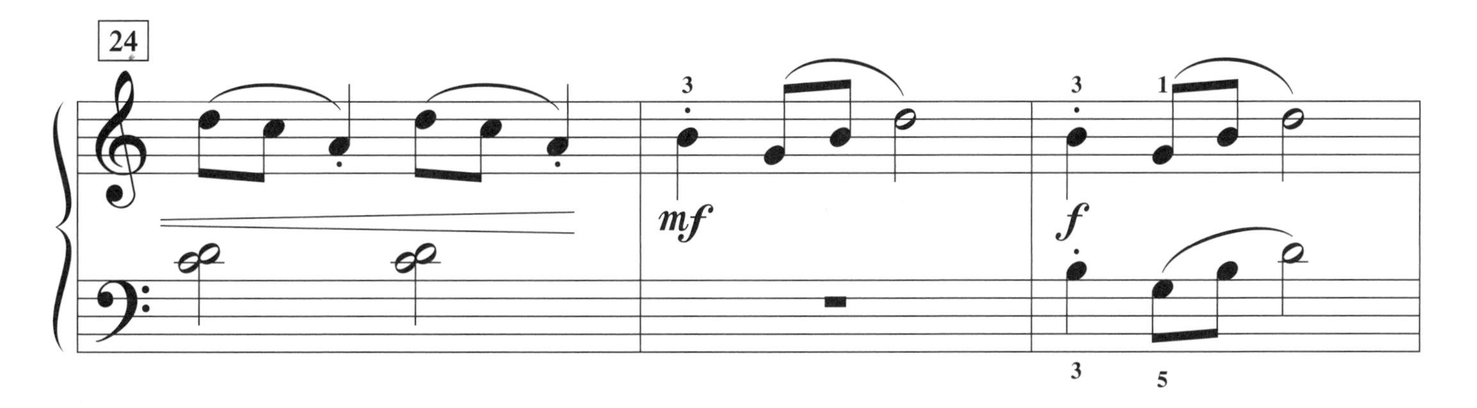

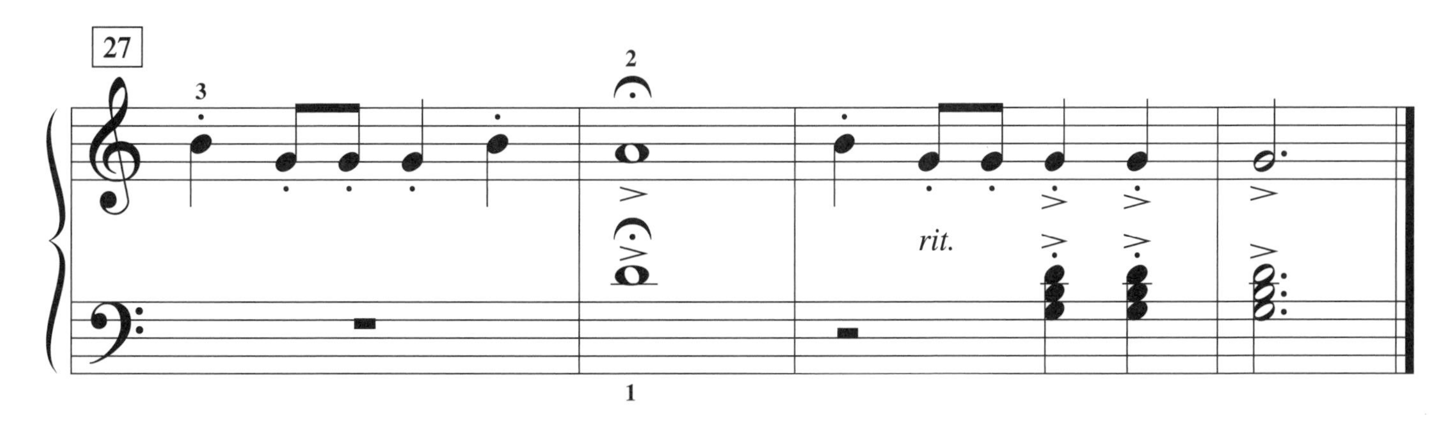

DESCUBRIMIENTO

Encuentra lo siguiente en la partitura:

- escala de SOL de 5 dedos
- nota dominante
- *crescendo*
- acorde de SOL
- arpegio de SOL
- calderón

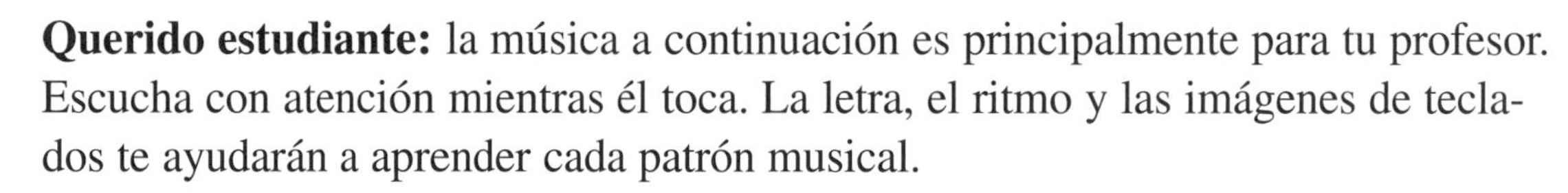
Querido estudiante: la música a continuación es principalmente para tu profesor. Escucha con atención mientras él toca. La letra, el ritmo y las imágenes de teclados te ayudarán a aprender cada patrón musical.

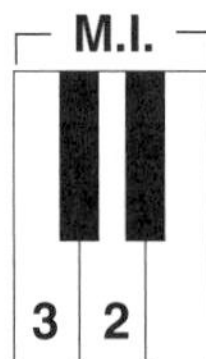

La tormenta y el arcoíris

Presiona el pedal de resonancia durante toda la pieza.

Nancy Faber

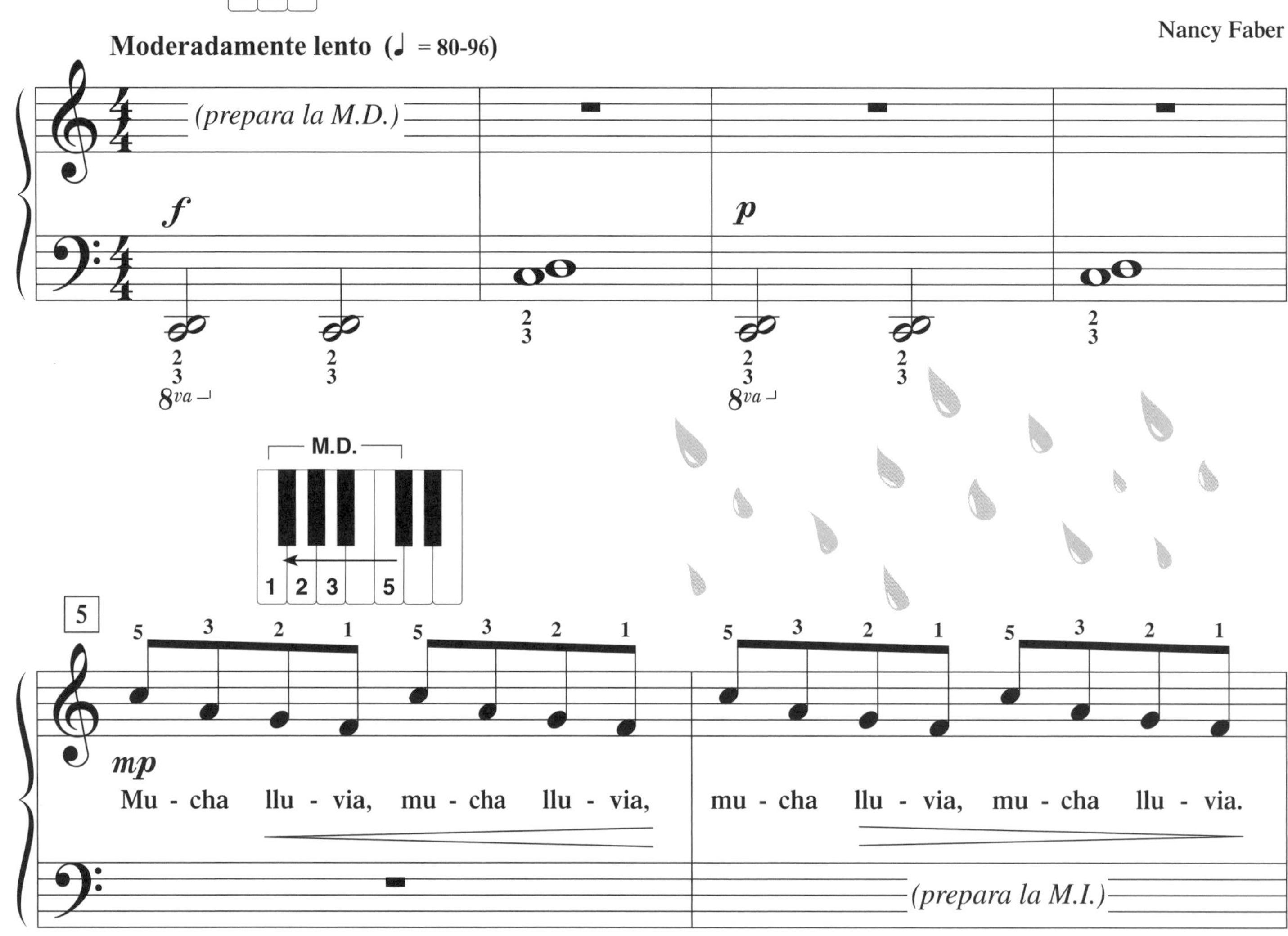

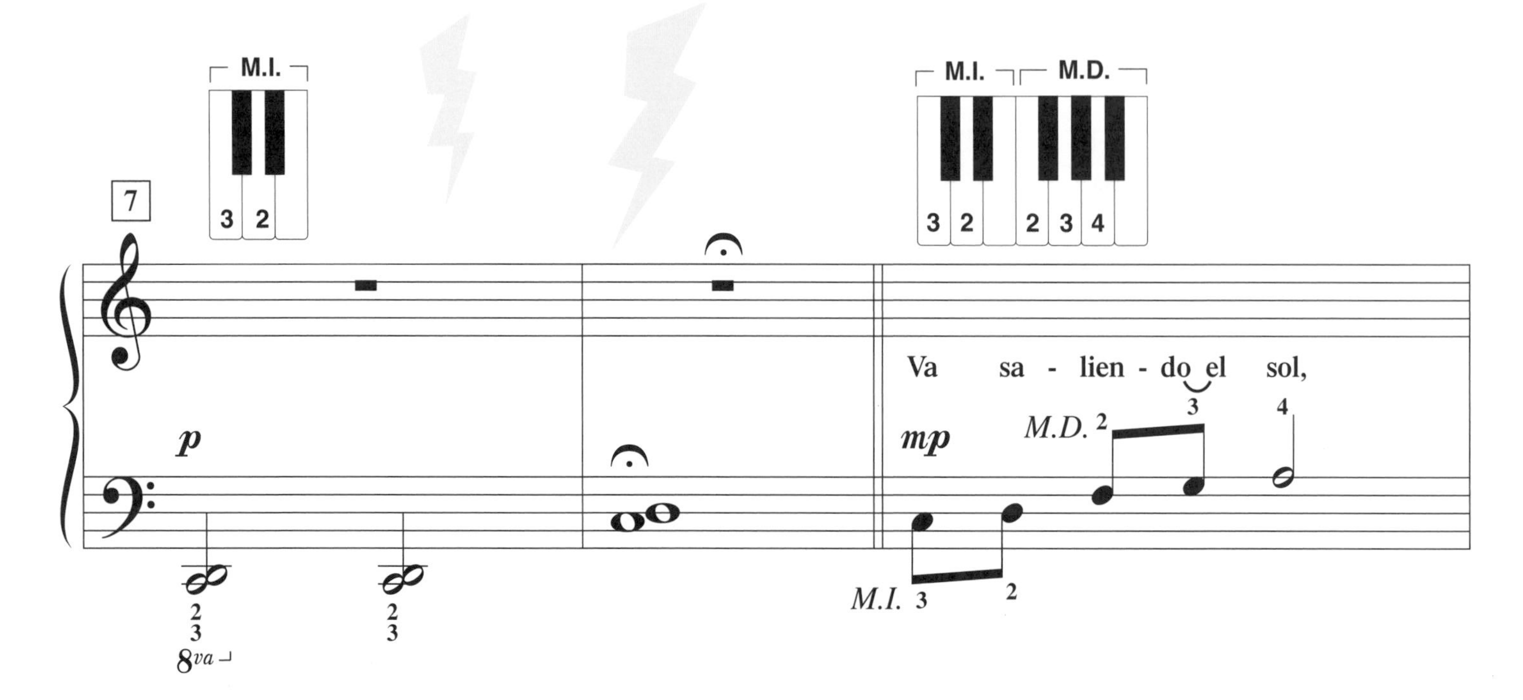

 Lecciones y teoría, página 31 (Arroz con leche)

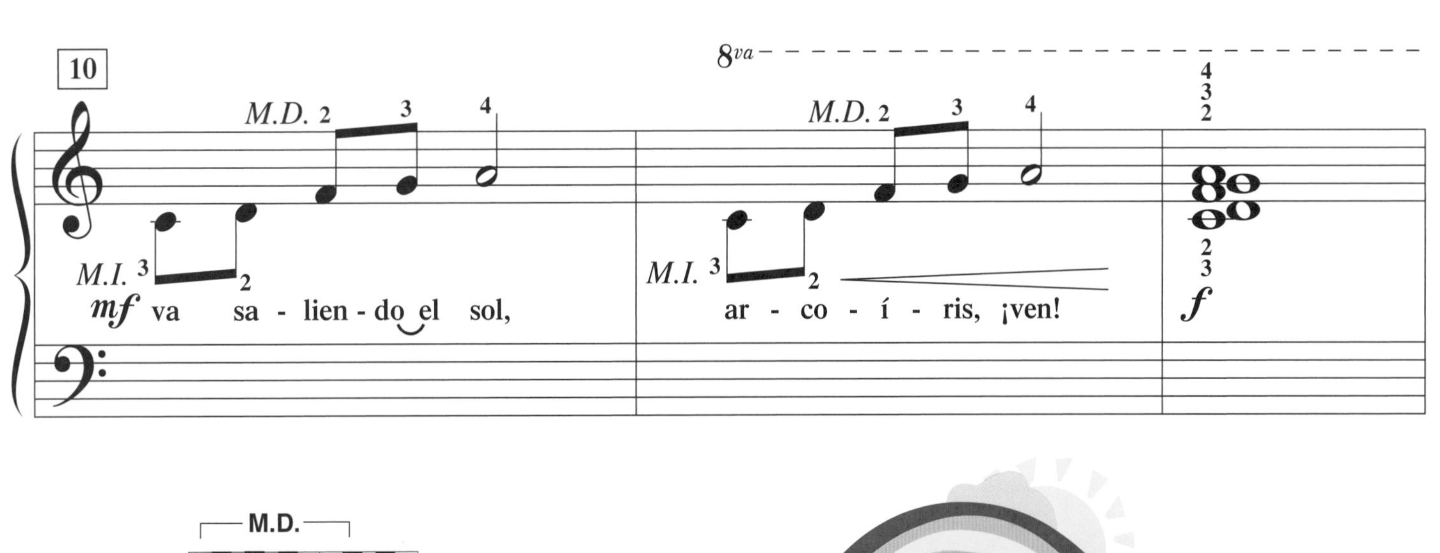

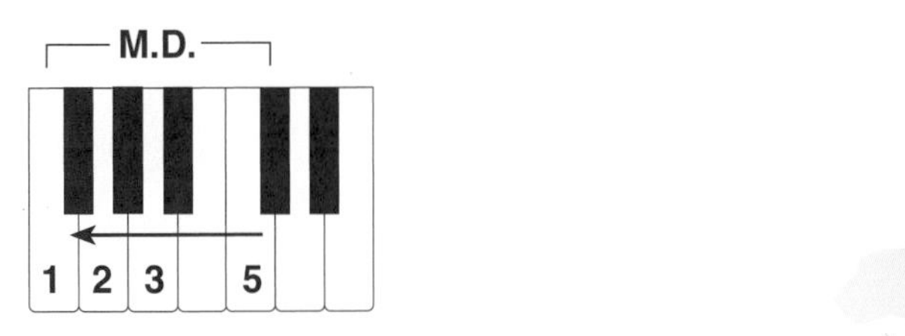

cada vez más l-e-n-t-o

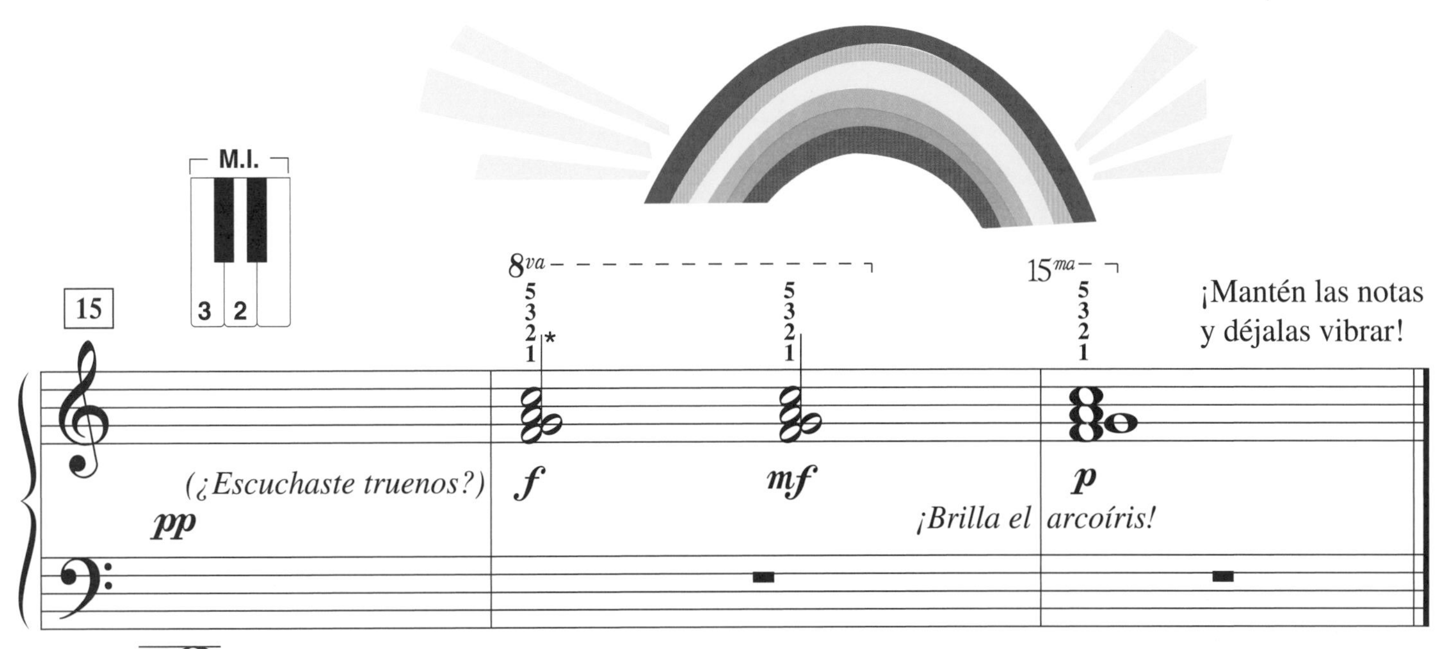

*Opcional: los estudiantes pueden dividir el acorde entre las dos manos: la M.I. tocará con los dedos 3-2 en FA y SOL; la M.D. tocará con los dedos 1-3 en LA y DO.

DESCUBRIMIENTO ¿Puedes transponer esta canción y tocarla un *semitono* más alto en las **teclas negras**? Tu profesor te mostrará cómo.

El contorno de las frases

- Cuando hablamos, nuestra voz sube y baja con expresividad. Las frases musicales también suben y bajan.
- Podemos darle forma a las frases con pequeños ***crescendos*** y ***diminuendos***. Una muñeca relajada te ayudará a darle un hermoso "contorno" a las frases.

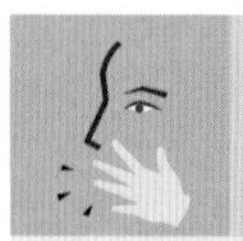

Secreto técnico:

Elevar la muñeca (página 5)

Calentamiento: *Pinta un arcoíris.*

Opcional: con un lápiz de color, encierra en círculos los signos de < y >, para recordar que debes darle "forma" a cada frase.

Las frases de Beethoven

Sinfonía No. 4 en Si♭
Adagio

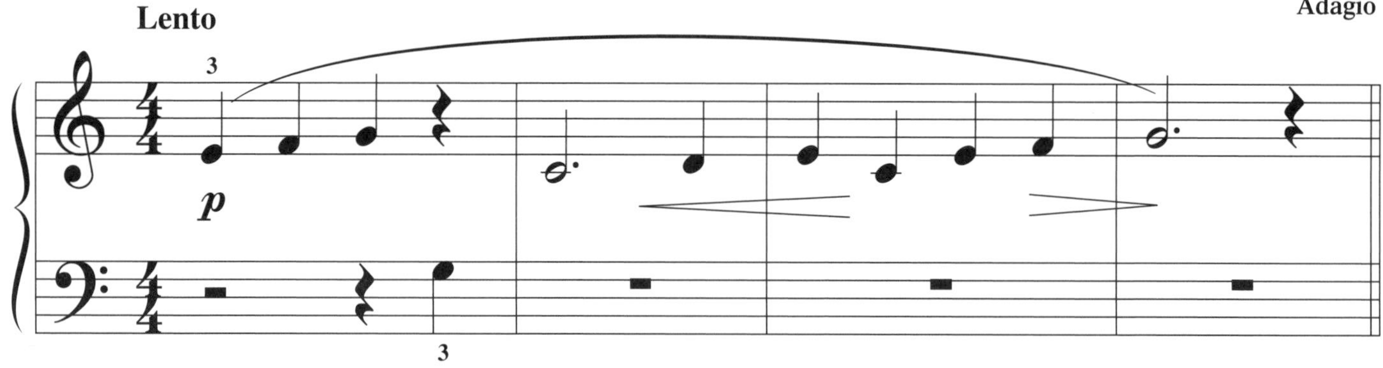

Tänze für Klavier No. 12

Sinfonía No. 1 en Do mayor
Minueto, Trío

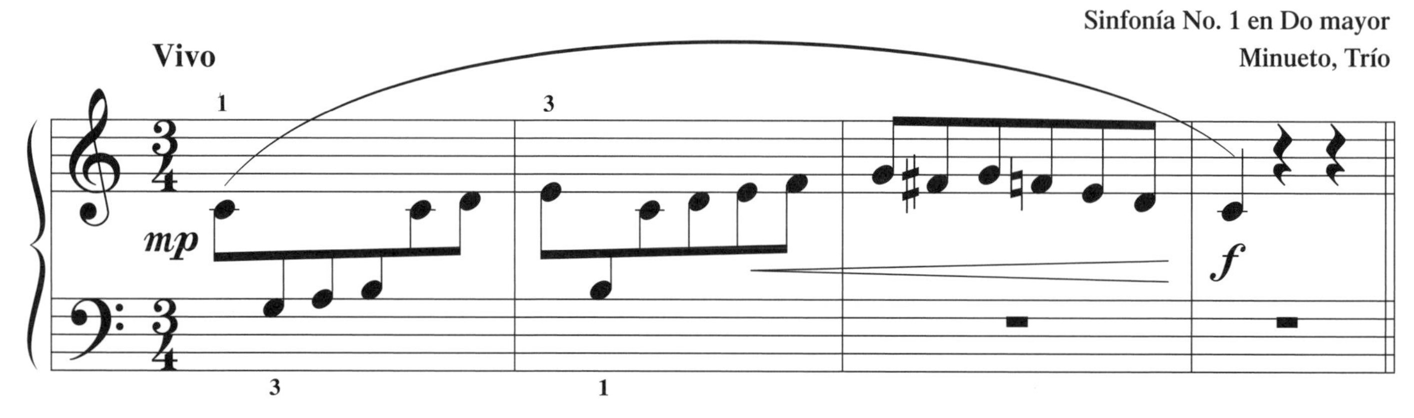

 Lecciones y teoría, páginas 34-35 (Himno a la alegría)

El caballero valiente

Moritz Vogel
(1846-1922, Alemania)

Acompañamiento para el profesor:

(acompañamiento de Nancy y Randall Faber)

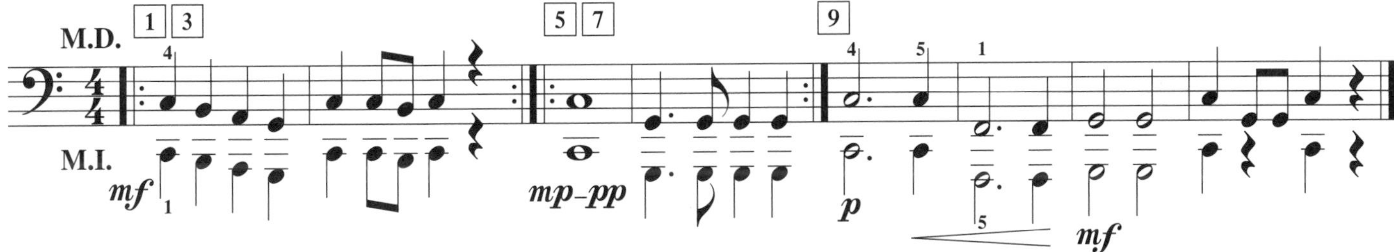

Lecciones y teoría, página 36 (Yo soy el rey)

El Sr. McGill

Acompañamiento para el profesor (el alumno toca *1 octava más alto*):

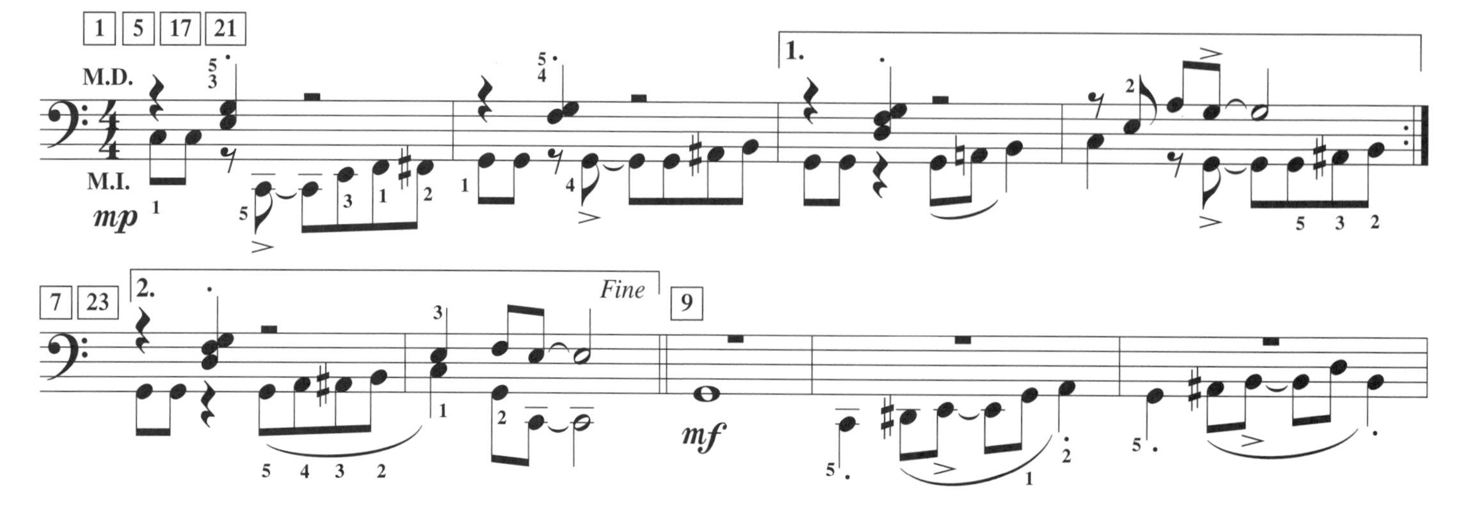

Lecciones y teoría, página 38 (Luz de luna)

prepara la M.D.
13
17
mf
prepara la M.I.
21
23
f
13
D.C. al Fine
p
mf

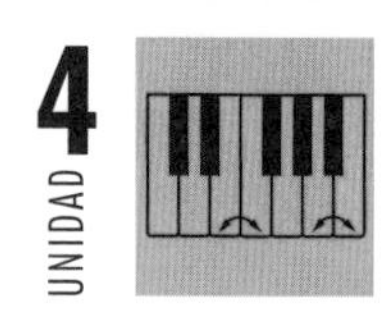

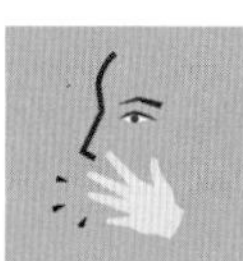

Secreto técnico:
Pulgar liviano (página 5)

Calentamiento: *El pulgar bailarín.*

- En este ejercicio de semitonos, usa el **dedo 3** para tocar las **teclas negras**.
  Tu profesor te ayudará con la digitación.

El detective de semitonos

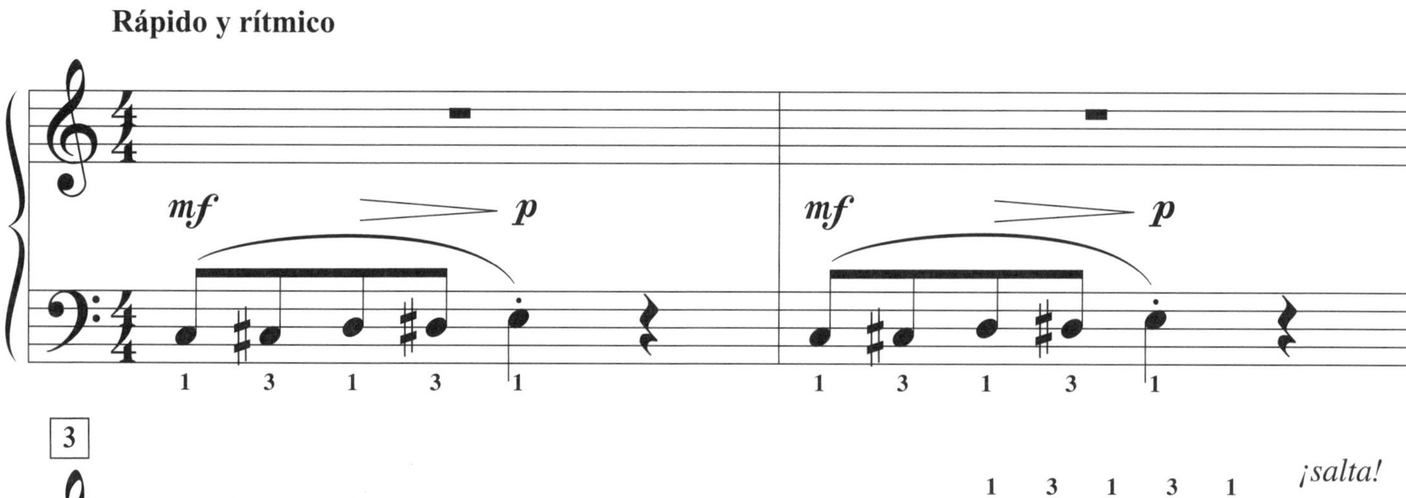

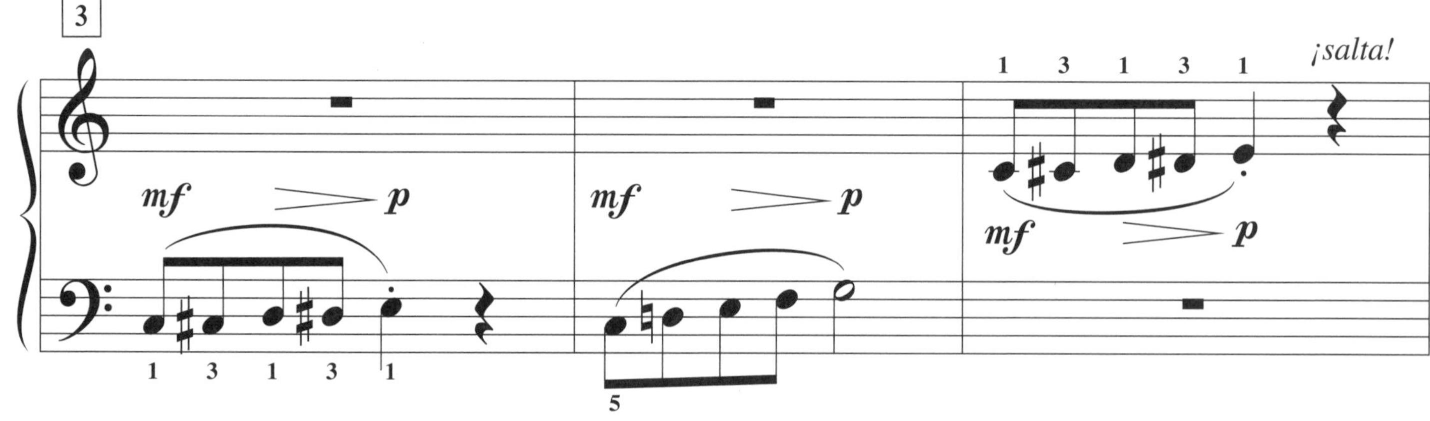

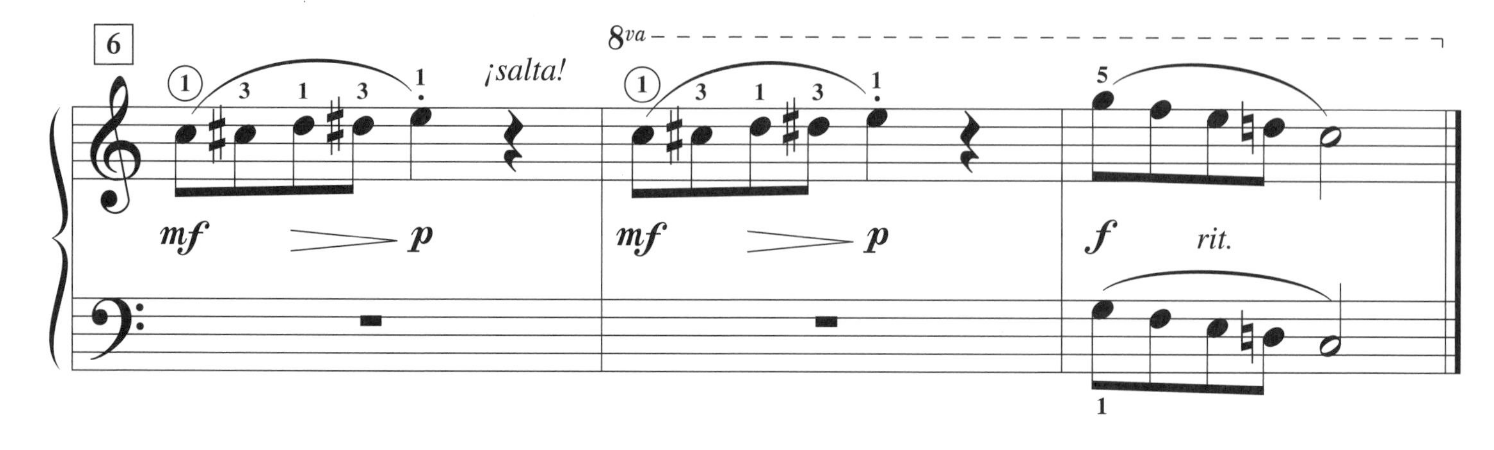

 Lecciones y teoría, páginas 42-43 (Detectives privados)

- Esta es una pieza de **tonos enteros**. En los *compases 6* y *15*, las manos deben subir suavemente a la siguiente octava.
- Eleva la muñeca para un "viaje espacial" suave.

Viaje espacial

Presiona el pedal de resonancia durante toda la pieza.

Nancy Faber

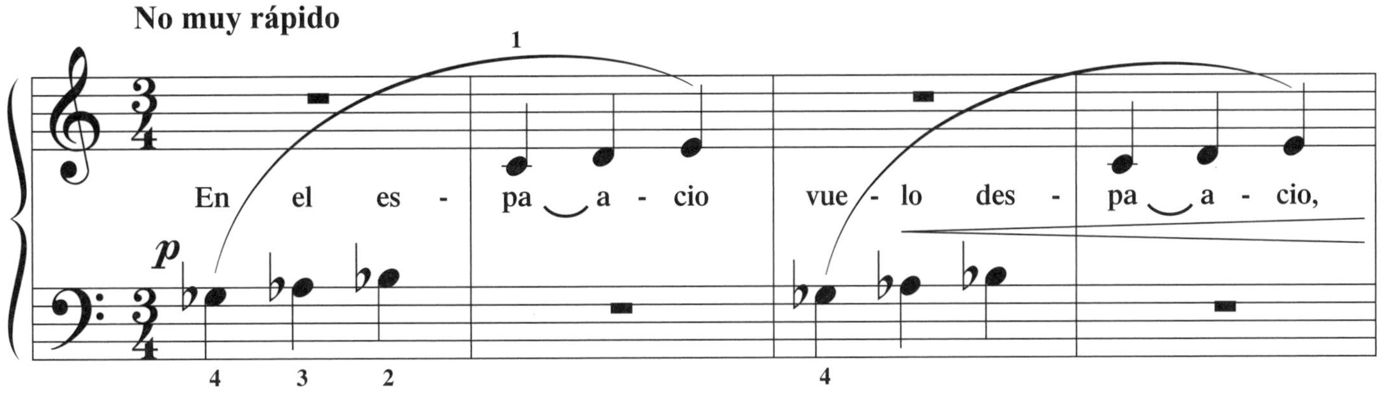

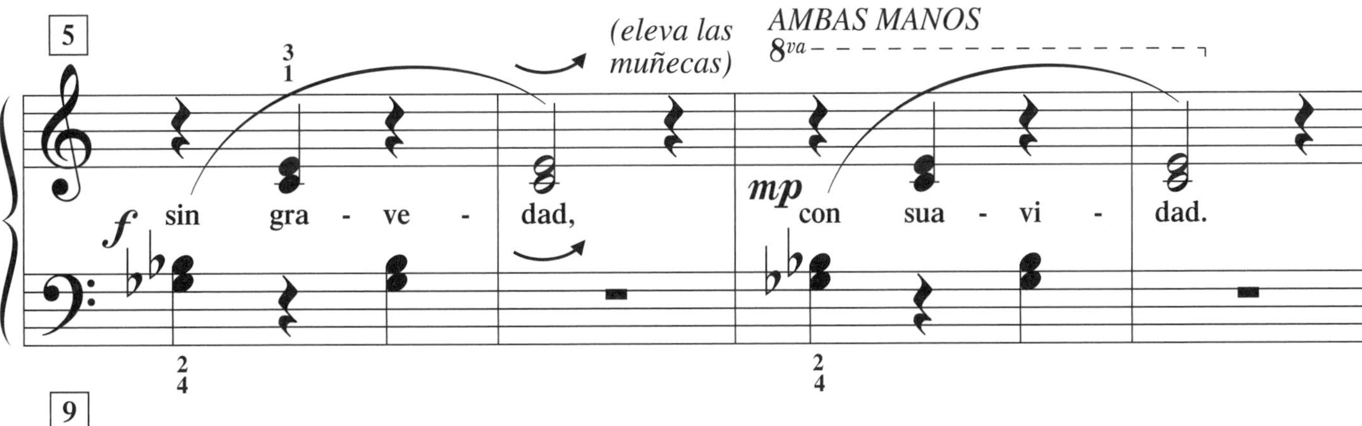

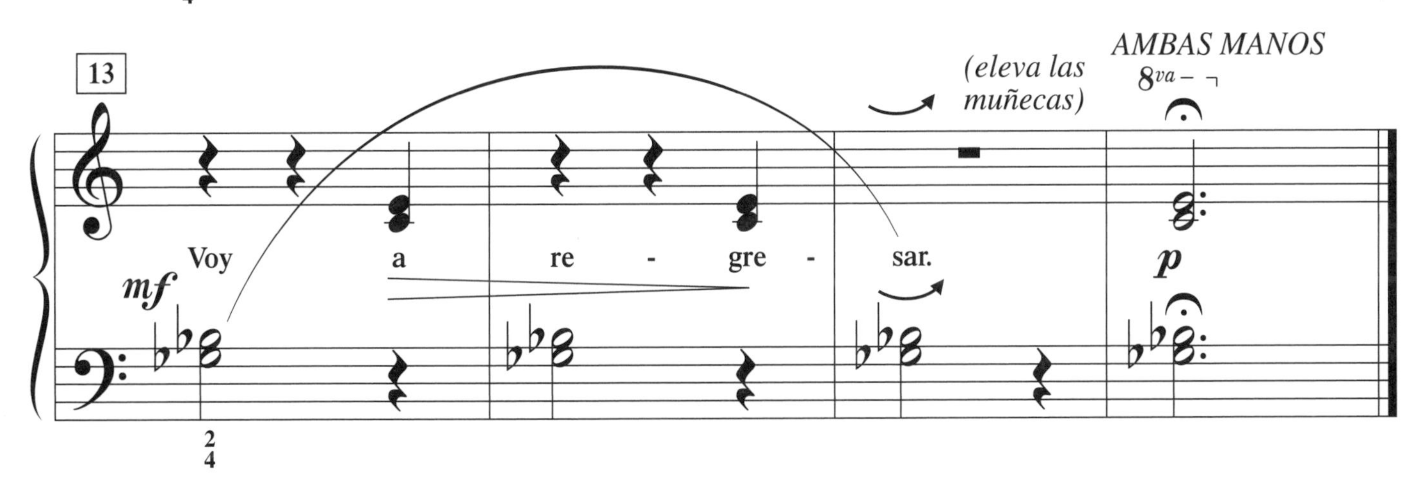

Presta atención: ¿Tocaste cada ***crescendo*** y ***diminuendo***?

Lecciones y teoría, páginas 44-45 (Tormentas en Saturno)

13
Oi - gan su ru - gi - do, va bus - can - do su co - mi - da.
17
Es gi - gan - tes - co, lar - go y de - fo or - me.
21
¡Cuí - den - se del mons - truo gran - de de Loch Ness!
25
mf
(El monstruo retorna a las profundidades del lago).
M.D.
Pedal abajo hasta el final.
29
mp
M.D.
M.I.
rit.
p
8va

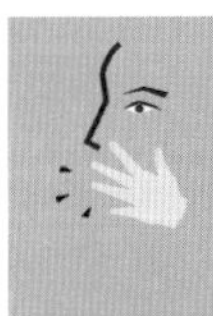

Secreto técnico:
Mantener las puntas de los dedos firmes (página 4)

Calentamiento: *El nido de pajarito.*

¡Toquemos en RE!

RE

Louis Köhler, Op. 300
(1820-1886, Alemania)
originalmente en DO mayor

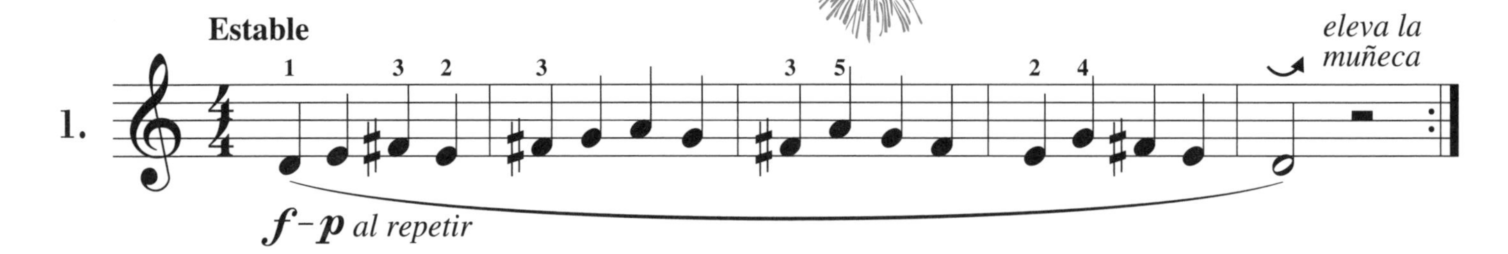

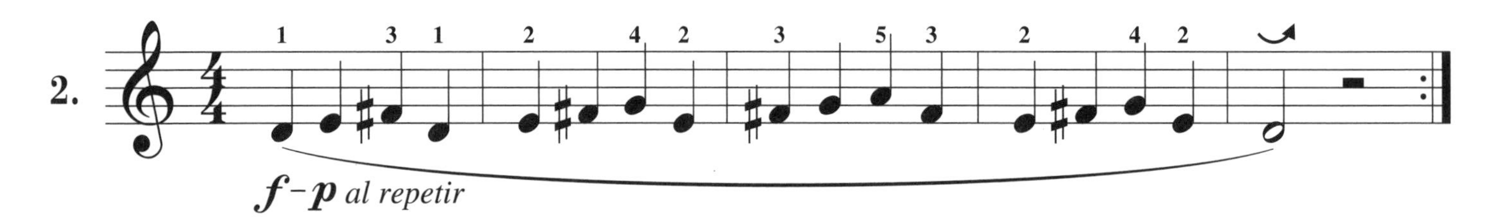

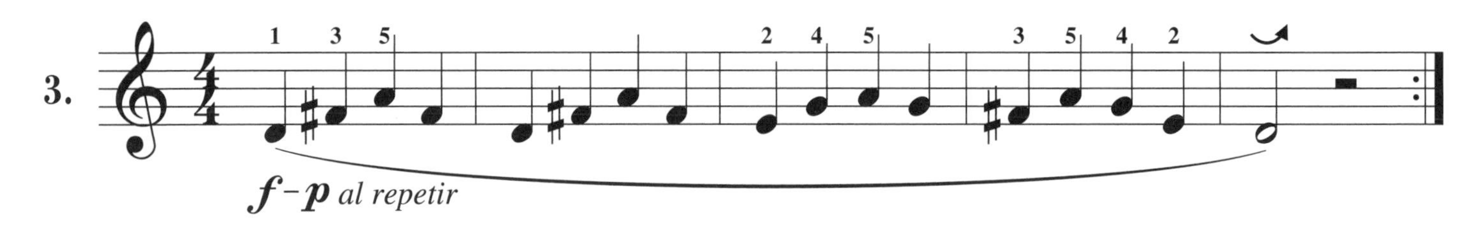

- Practica estos ejercicios para la **mano izquierda**:

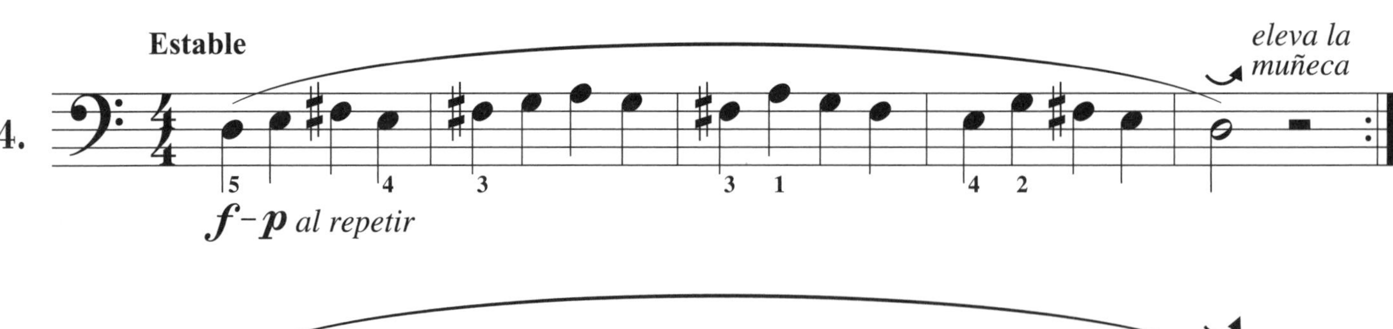

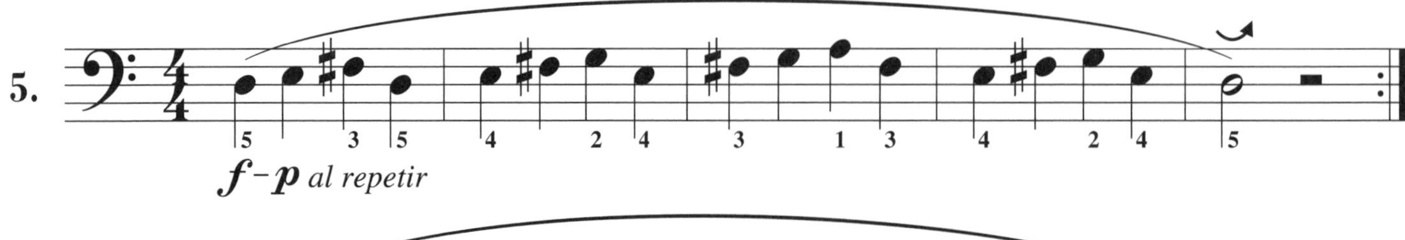

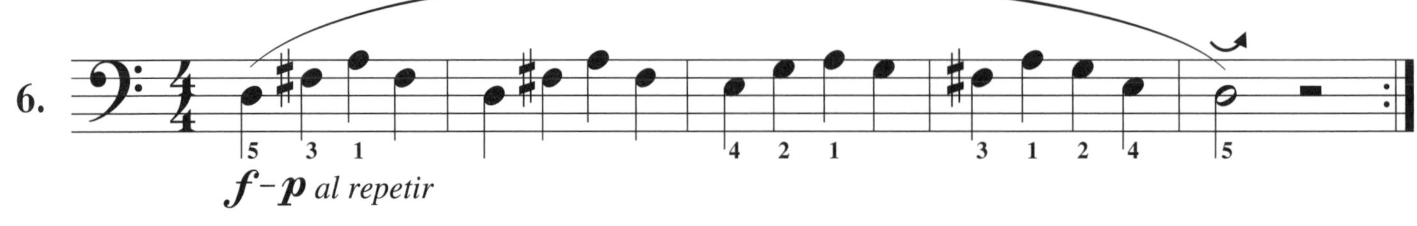

Lecciones y teoría, página 50 (¡Que llueva!)

Secreto técnico:

La habilidad de tocar con las manos juntas (página 4)

Calentamiento: *Trabajo en equipo.*

Sonatina en RE*

Carl Czerny
(1791-1857, Austria)

DESCUBRIMIENTO

¿Puedes transponer esta pieza a la **escala de SOL de 5 dedos**?

*originalmente en DO mayor

Lecciones y teoría, página 52 (Primavera)

La araña pequeñita

Escala de _____ de 5 dedos

Canción tradicional

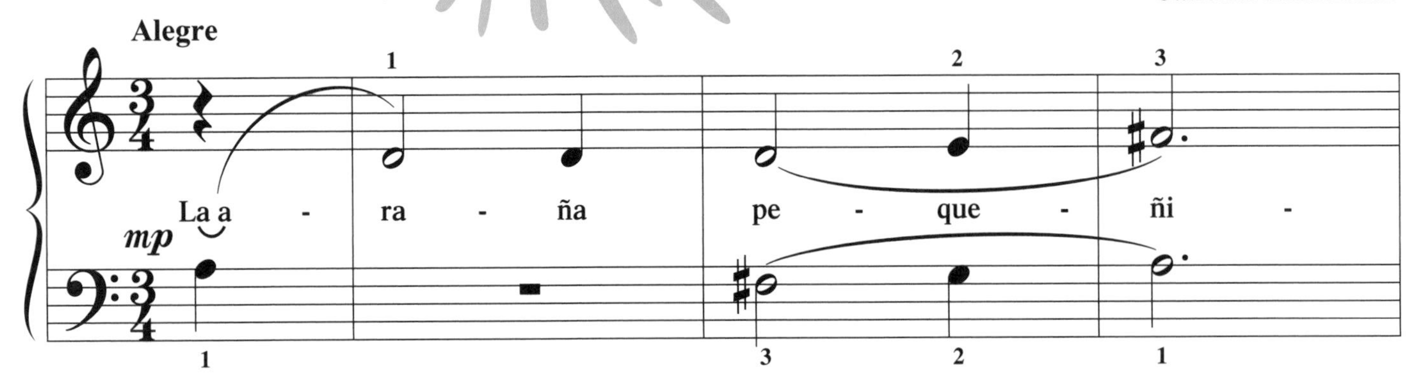

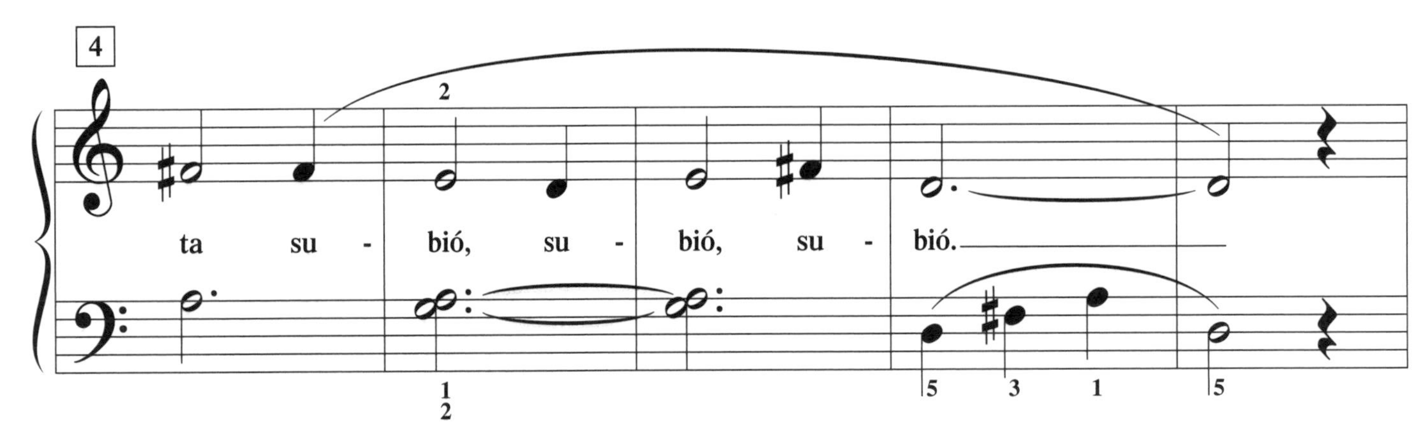

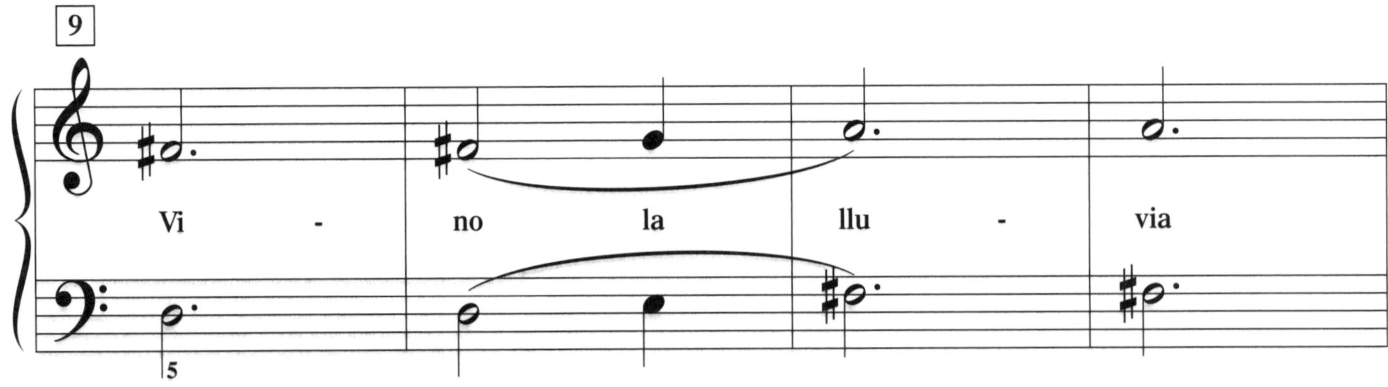

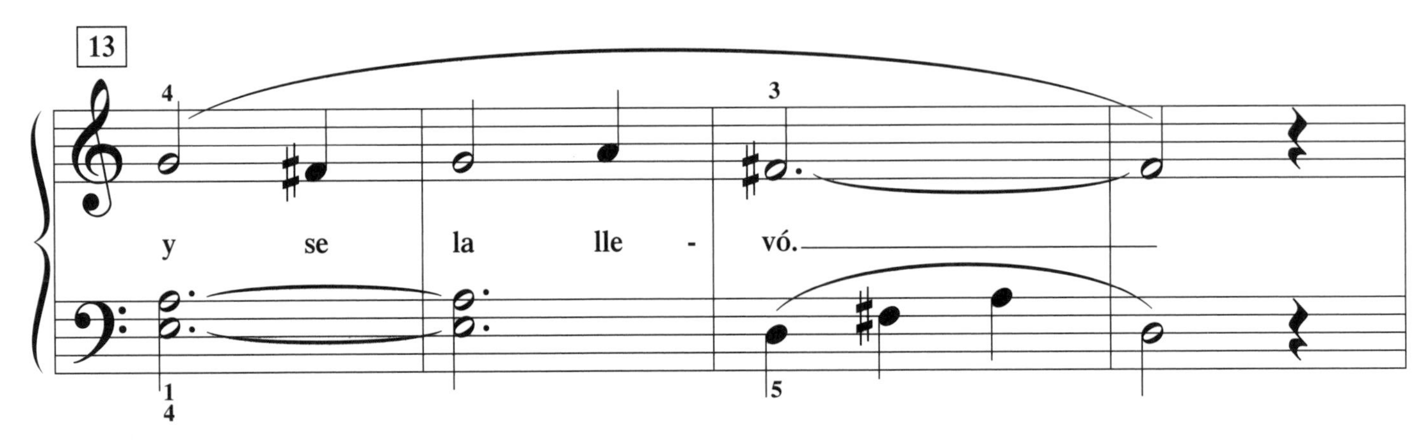

 Lecciones y teoría, páginas 56-57 (La celebración del castillo)

¿Qué nota se toca *siempre* con un sostenido en esta canción? ____

Secreto técnico:
Dedos rápidos (página 5)

Calentamiento: *Los dedos veloces,* sobre la tapa cerrada del piano.

- Luego toca el siguiente patrón, 2 veces LENTO y 4 veces RÁPIDO:

1-2-3 sostener **2-3-4** sostener **3-4-5** sostener

¡Toquemos en LA!

Fíjate en los tres patrones rítmicos de corcheas.
Pista: las palabras te ayudarán a sentir el patrón.

Ferdinand Beyer, Op. 101
(1803-1863, Alemania)
originalmente en DO mayor

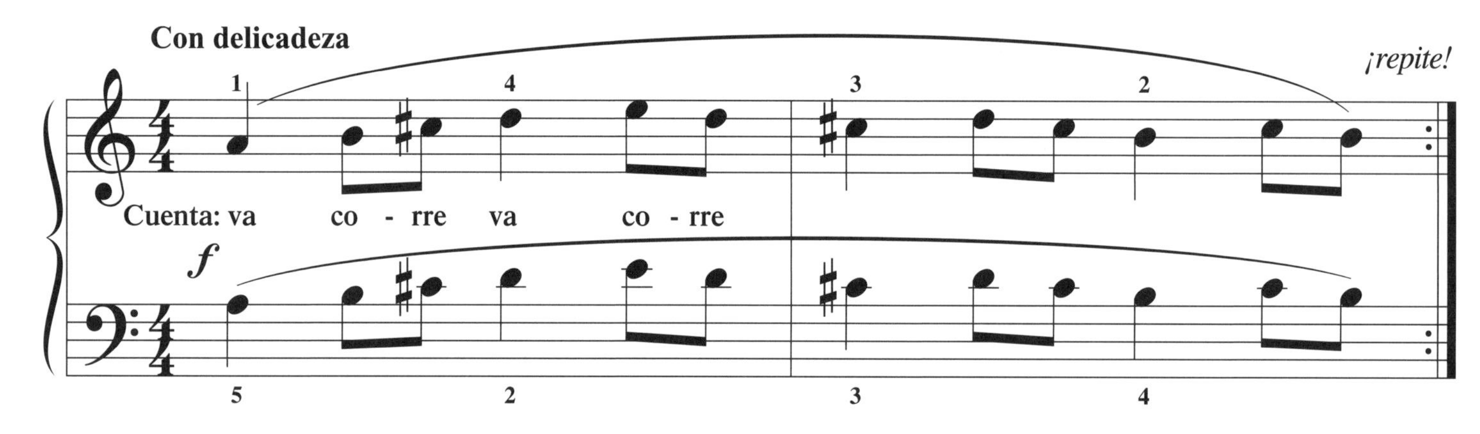

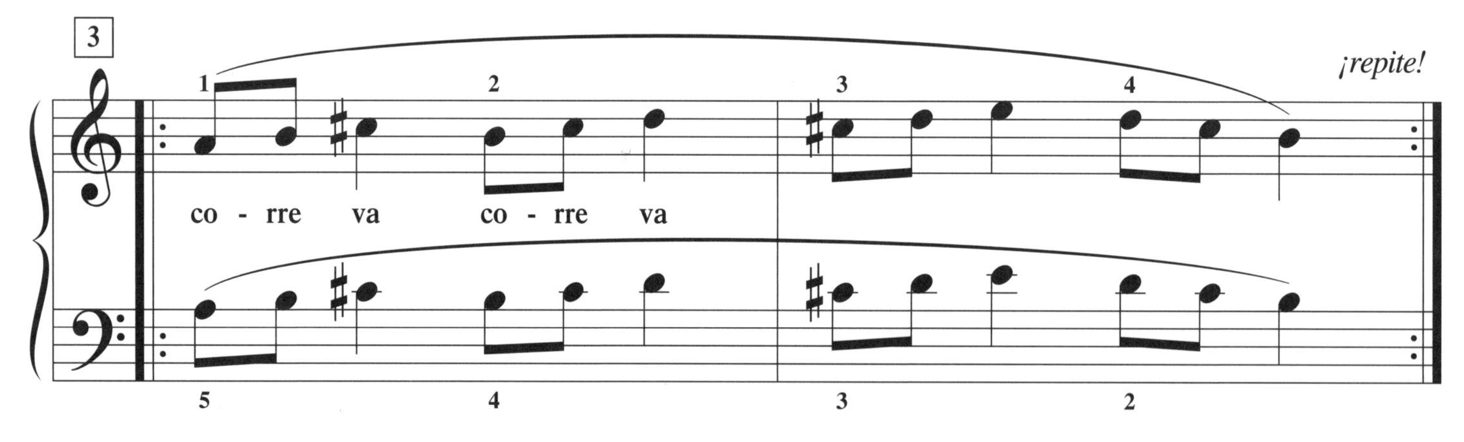

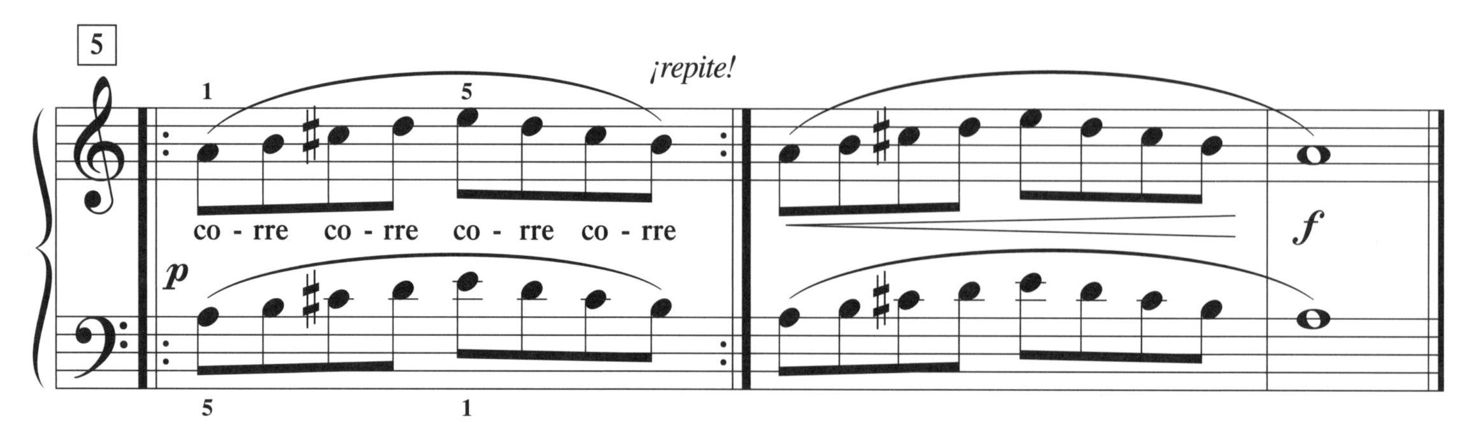

DESCUBRIMIENTO

¿Puedes transponer este ejercicio a la **escala de RE de 5 dedos**?

Lecciones y teoría, página 58 (Caminata con merienda)

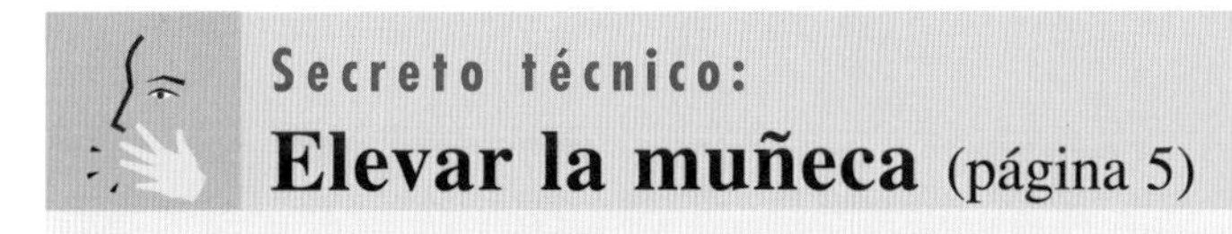

Secreto técnico:
Elevar la muñeca (página 5)

Calentamiento: *Pinta un arcoíris* en LA.

El país de Nunca Jamás

Arpegios en LA y SOL

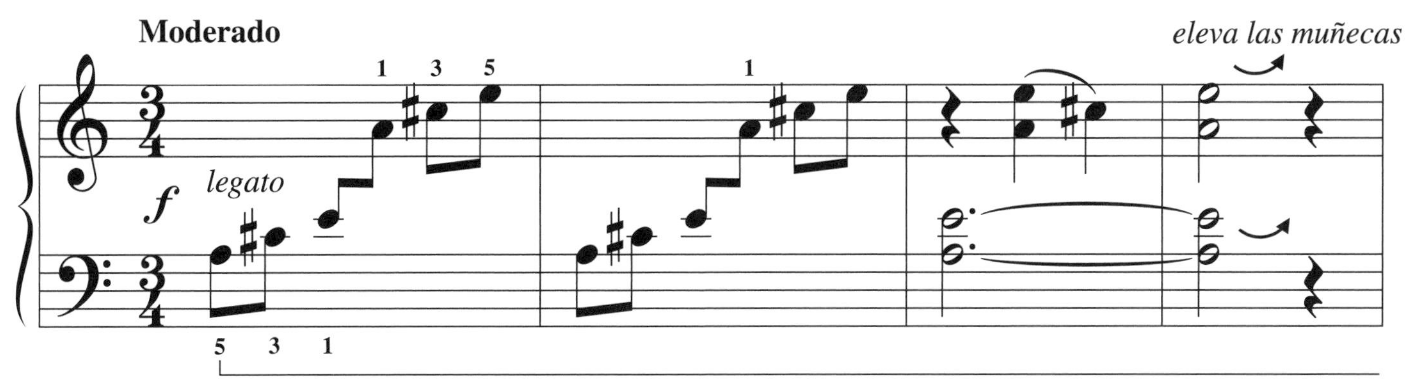

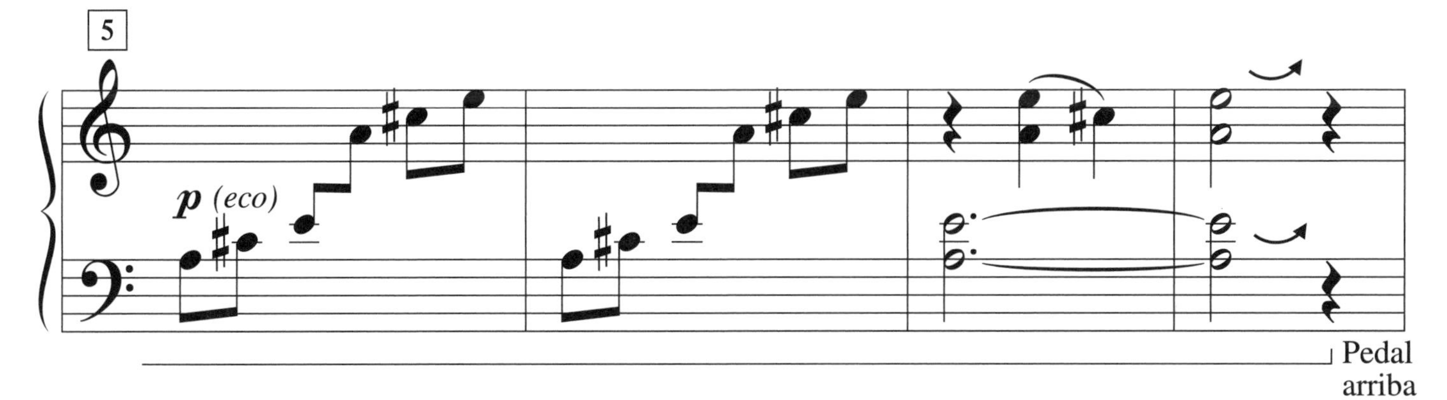

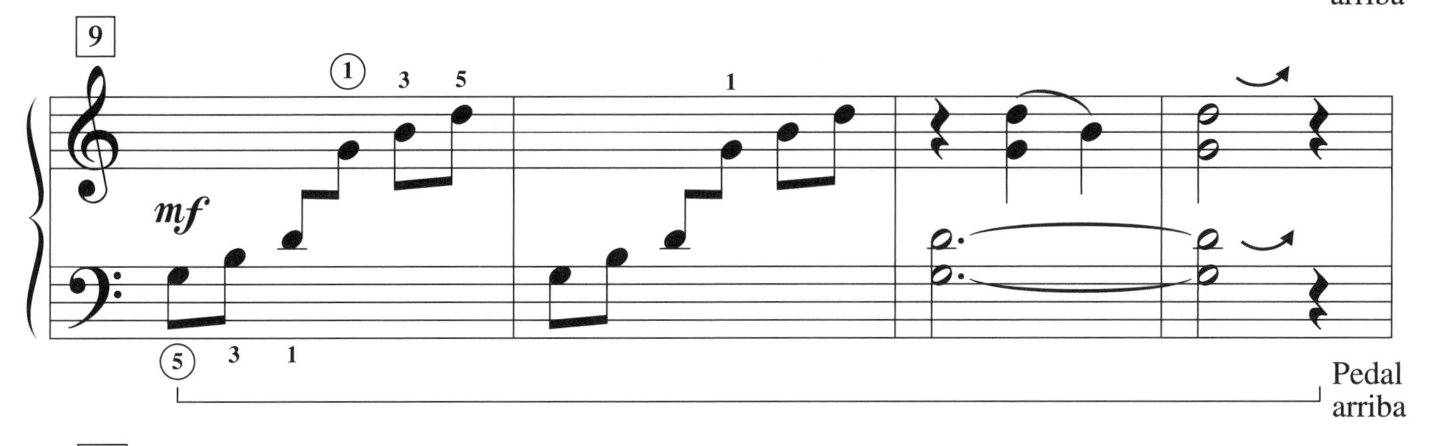

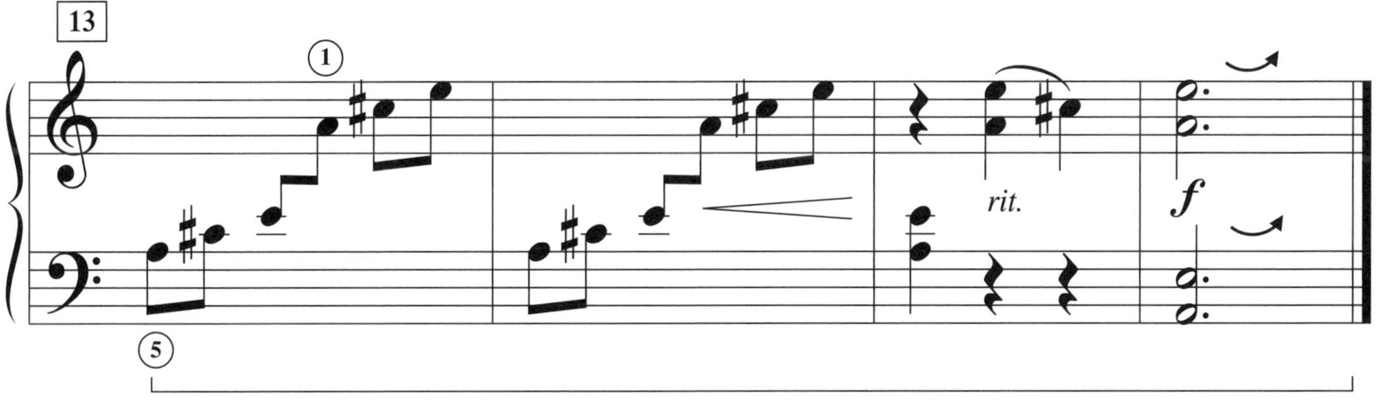

Lecciones y teoría, página 59 (El vuelo de Peter Pan)

El tren en la montaña

Escala de LA de 5 dedos

Lecciones y teoría, páginas 62-63 (La banda de *boogie-woogie*)

La M.D. toca una nota que *no* pertenece a la **escala de LA de 5 dedos**.
¿En qué compás?

Este "cuento musical" acerca de un explorador repasa los **secretos técnicos** que has aprendido.

- Muéstrale cada "secreto" a tu profesor antes de tocar.

El explorador

Ejercicios en tonalidades menores

- ¿En cuál de estos ejercicios las manos tocan en **movimiento paralelo**?

 Lecciones y teoría, páginas 70-71 (La danza de las espadas)

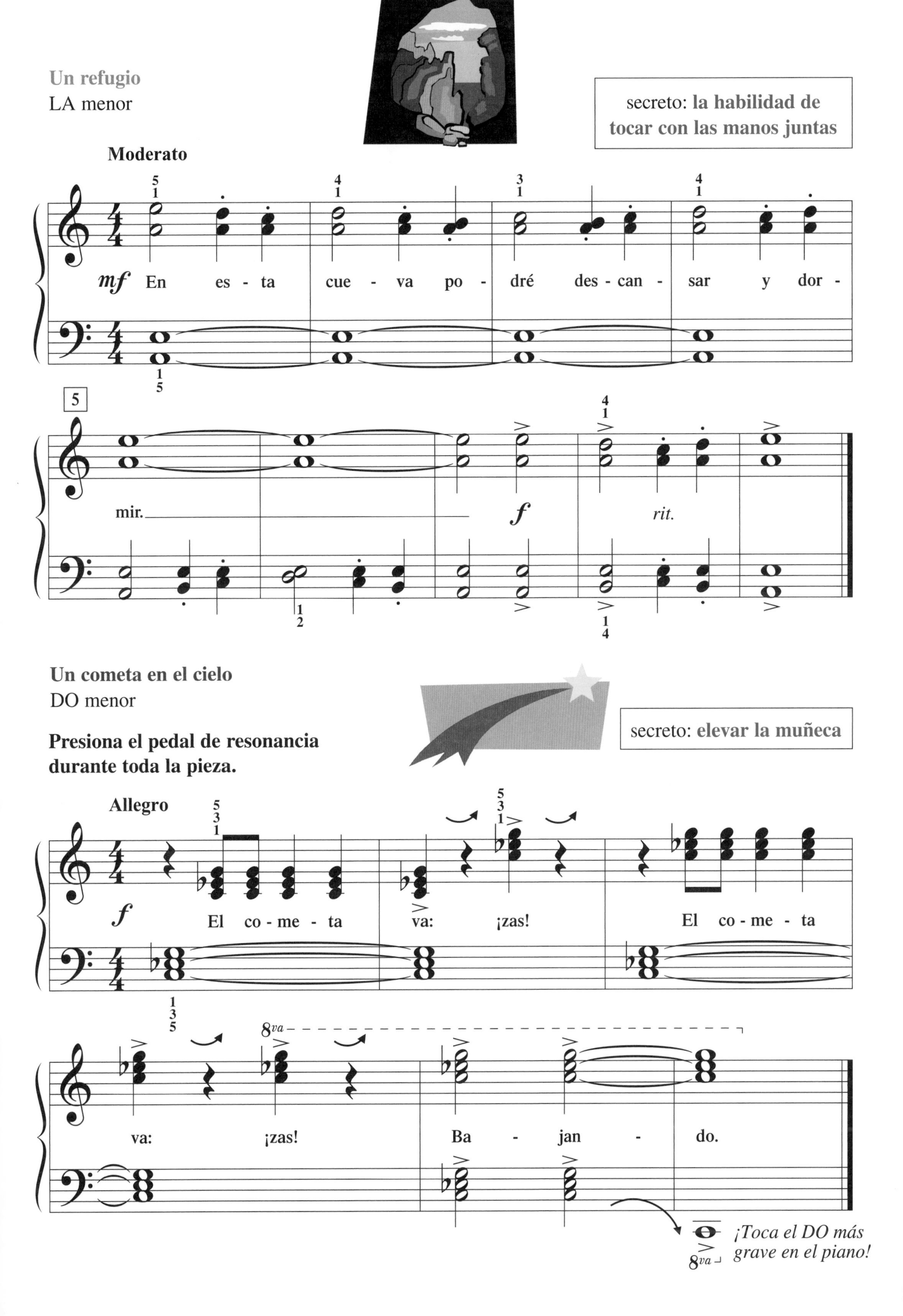

Un refugio
LA menor
secreto: la habilidad de tocar con las manos juntas
Moderato
mf En es - ta cue - va po - dré des - can - sar y dor - mir.
f
rit.
Un cometa en el cielo
DO menor
secreto: elevar la muñeca
Presiona el pedal de resonancia durante toda la pieza.
Allegro
f El co - me - ta va: ¡zas! El co - me - ta va: ¡zas! Ba - jan - do.
8va
¡Toca el DO más grave en el piano!

La malagueña es una danza española animada que se toca con guitarras y castañuelas.

- Usa tu buena **técnica** para resaltar el *carácter* apasionado de esta pieza.

Malagueña

Tradicional
adaptación

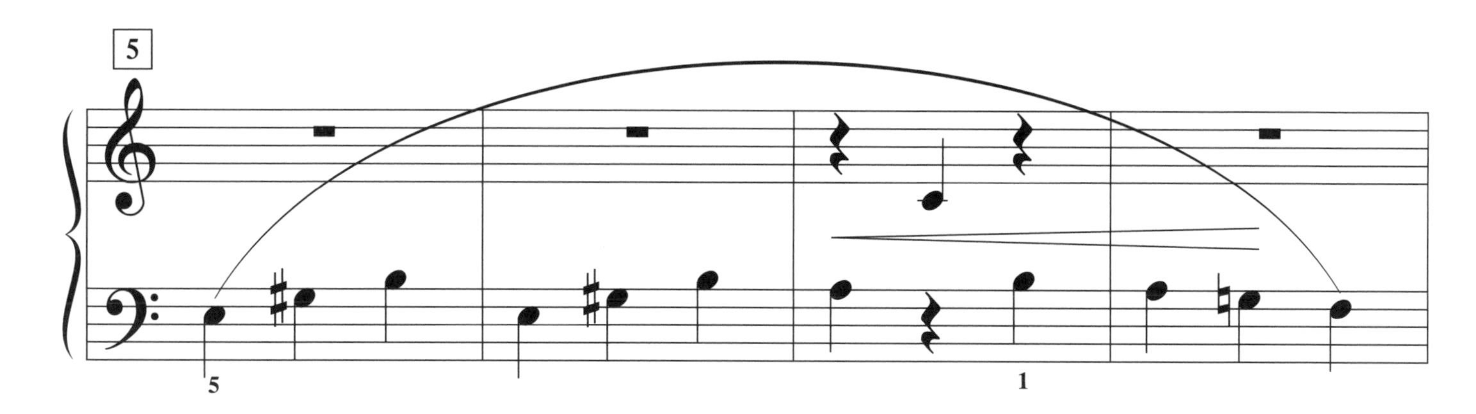

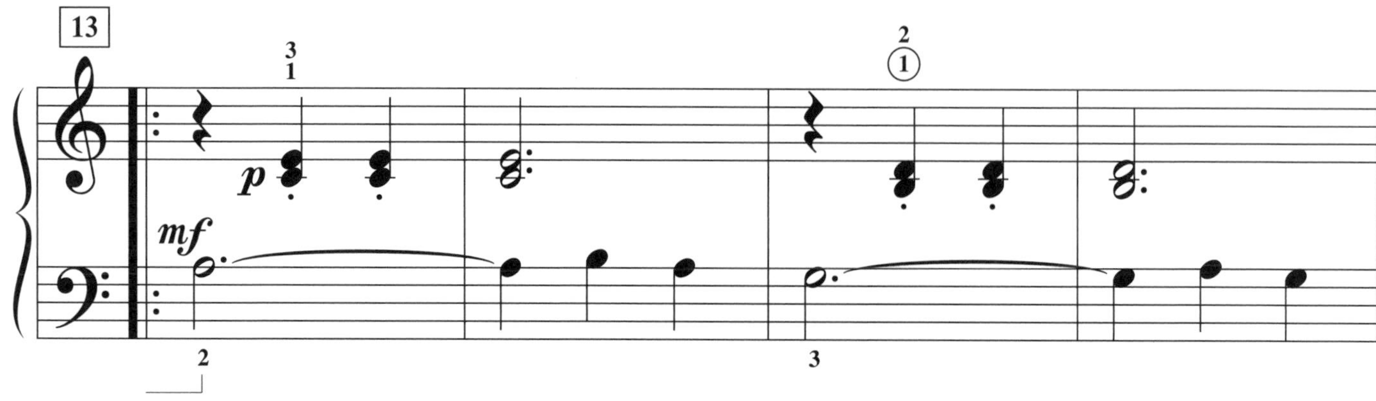

17
Repite desde
el compás 13.
21
mp
25
mf
29
f
mf
34
M.I.
M.D.
f
8va

Paseo con el arcoíris

Nancy Faber

Con delicadeza

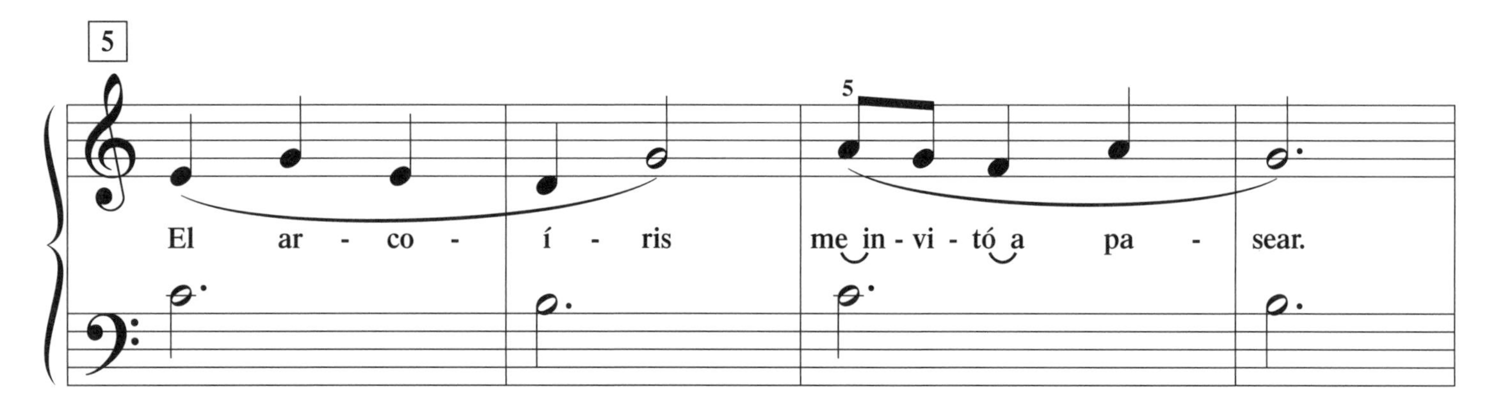

La segunda vez salta al "Final especial".

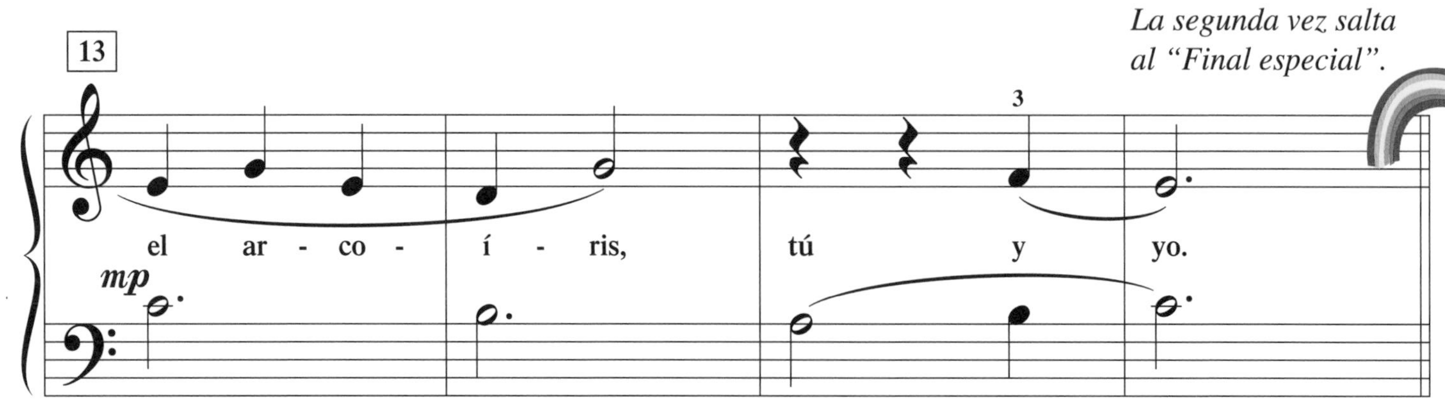

 Lecciones y teoría, páginas 84-85 (El encantador de serpientes)

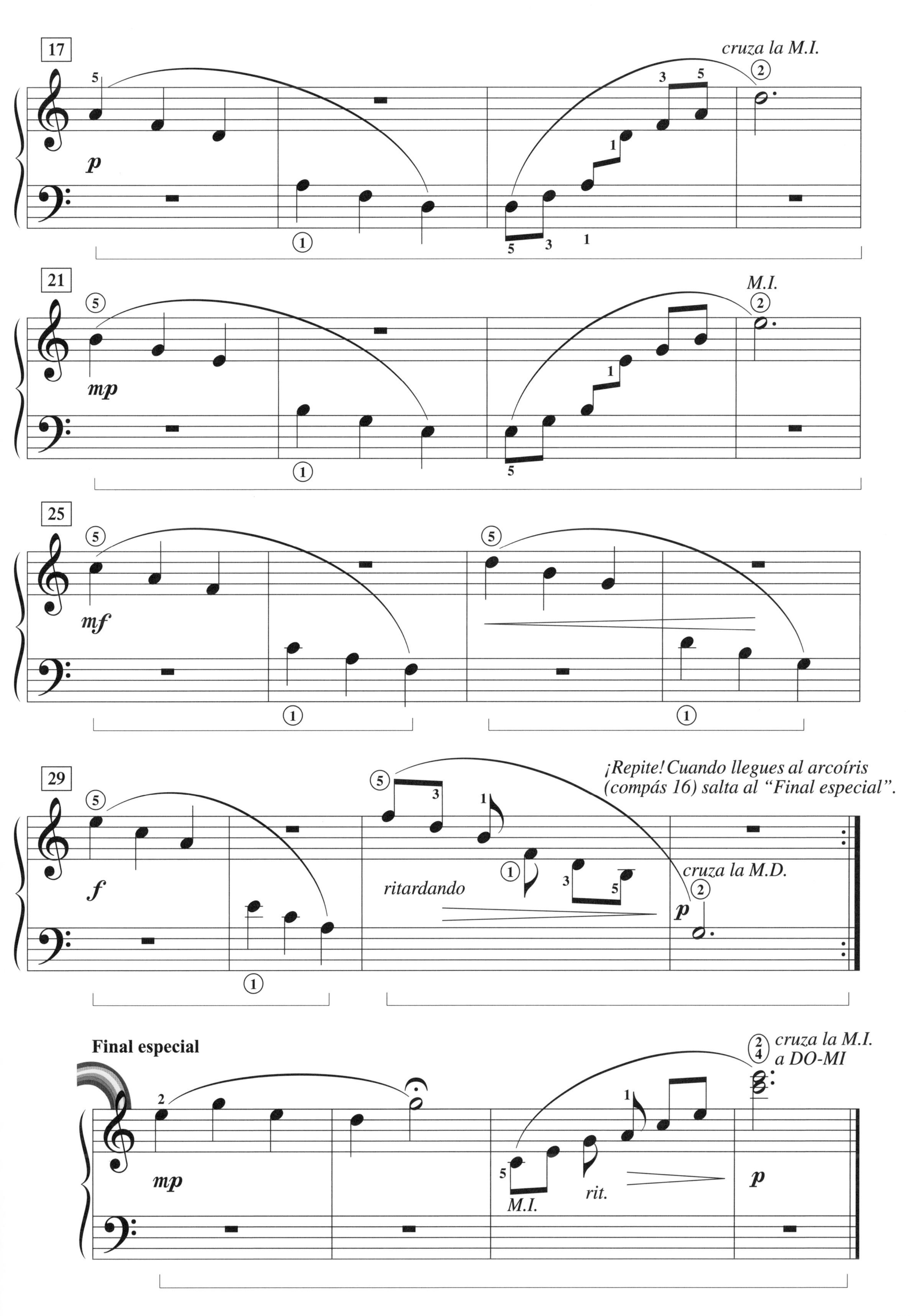
17
cruza la M.I.
p
21
M.I.
mp
25
mf
29
¡Repite! Cuando llegues al arcoíris (compás 16) salta al "Final especial".
f
ritardando
cruza la M.D.
p
Final especial
cruza la M.I. a DO-MI
mp
M.I.
rit.
p

Danza de los irlandeses

Escala de _____ de 5 dedos

¡Imagínate a un duende bailando en el jardín!

Allegro moderato (moderadamente rápido)

Nancy y Randall Faber

Lecciones y teoría, páginas 84-85 (El encantador de serpientes)

17
21
ritardando
¿A dónde se fue el duende?
Mueve la M.I. una octava MÁS BAJO
25
¡Sorpresa!
29
33
cresc.
rit.
8va

Nota para el profesor: las siguientes páginas presentan las **12 escalas mayores de 5 dedos** y las **7 escalas menores de 5 dedos que comienzan en teclas blancas**. Se pueden enseñar después de la página 24 del *Libro de lecciones y teoría* del Nivel 3, o antes si el profesor lo considera adecuado.

Escalas mayores de 5 dedos

Tono - Tono - Semitono - Tono

Pista: los acordes de DO, SOL y FA son de teclas **blanca-blanca-blanca**.

- Escribe tus iniciales en el espacio en blanco cuando hayas aprendido y memorizado cada escala.

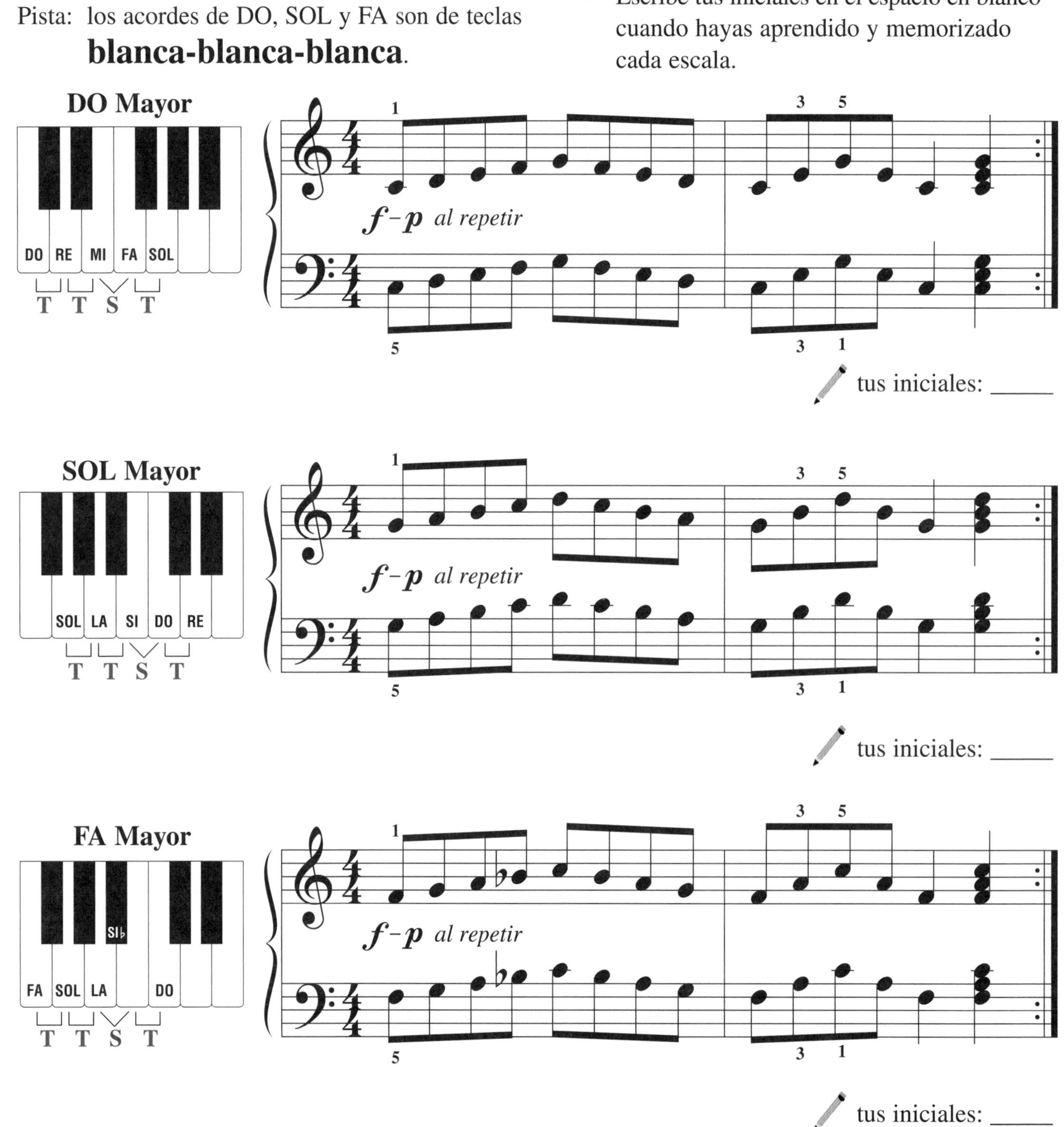

Nota para el profesor: en los acordes mayores las alteraciones vuelven a aparecer dentro del mismo compás para facilitar el aprendizaje visual.

Pista: los acordes de RE, LA y MI son de teclas **blanca-negra-blanca**.

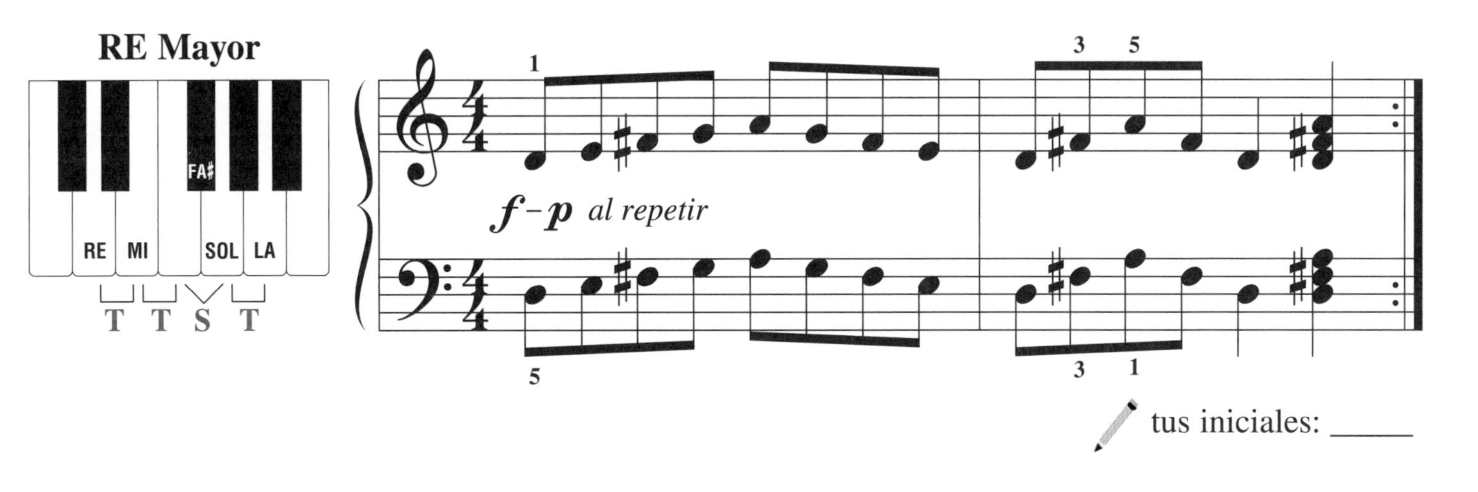

tus iniciales: _____

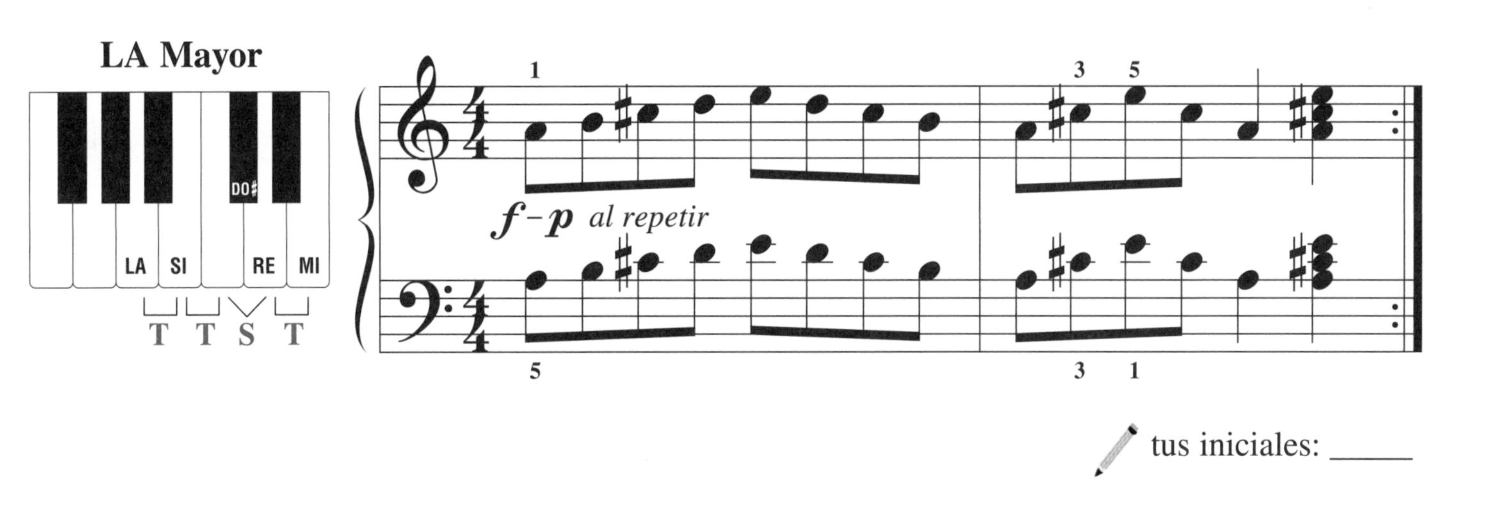

tus iniciales: _____

tus iniciales: _____

Re♭ La♭ Mi♭

Pista: los acordes de RE♭, LA♭ y MI♭ mayor son de teclas **negra-blanca-negra**.

Pista: las escalas y acordes de SI, SI♭ y SOL♭ (o FA♯) mayor son todas diferentes.

- Memoriza los patrones particulares de estas escalas mayores de 5 dedos.

SI Mayor

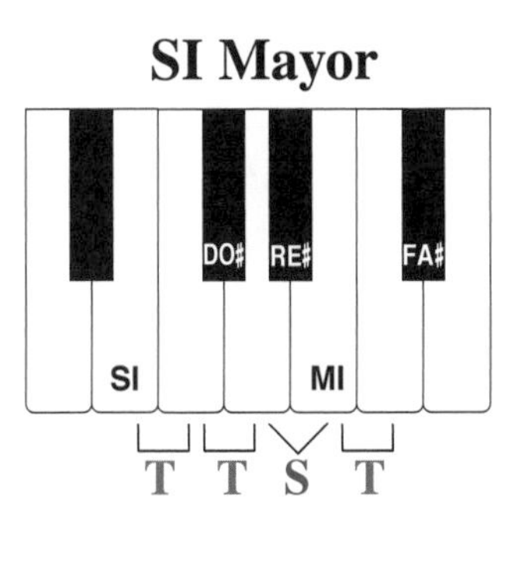

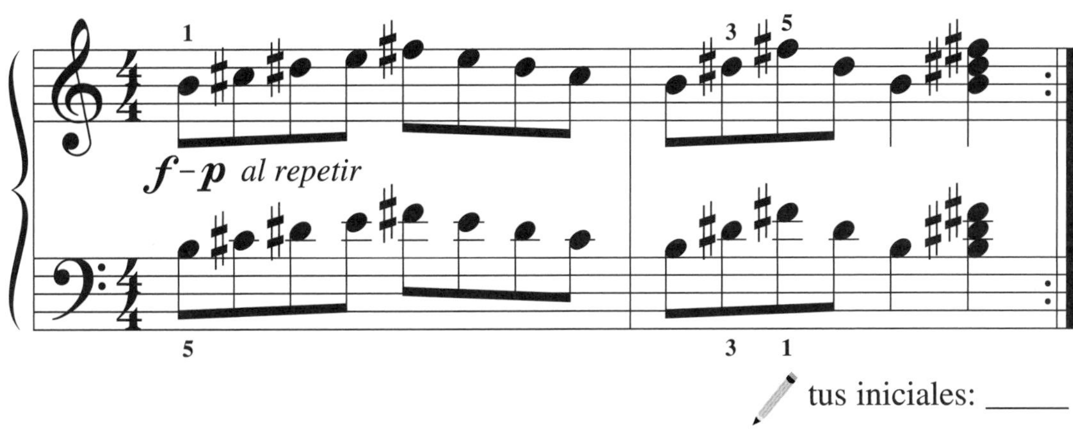

tus iniciales: _____

SI♭ Mayor

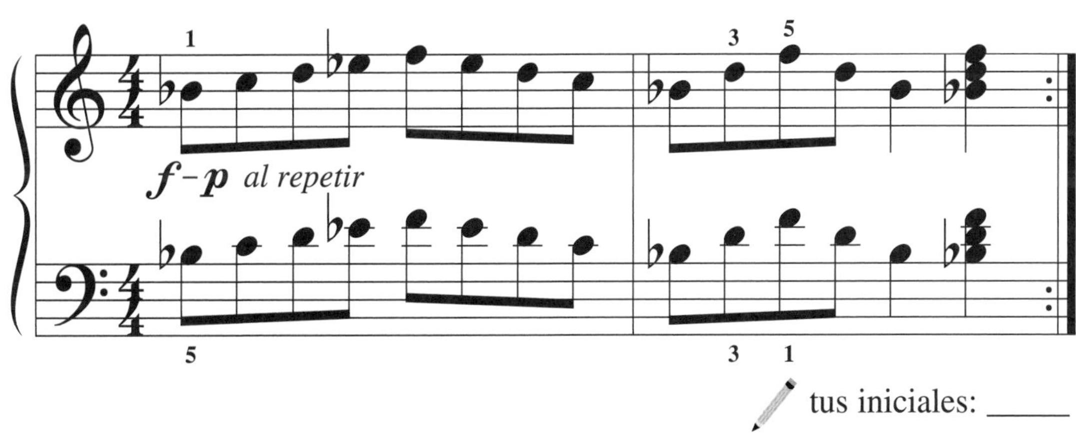

tus iniciales: _____

SOL♭ Mayor

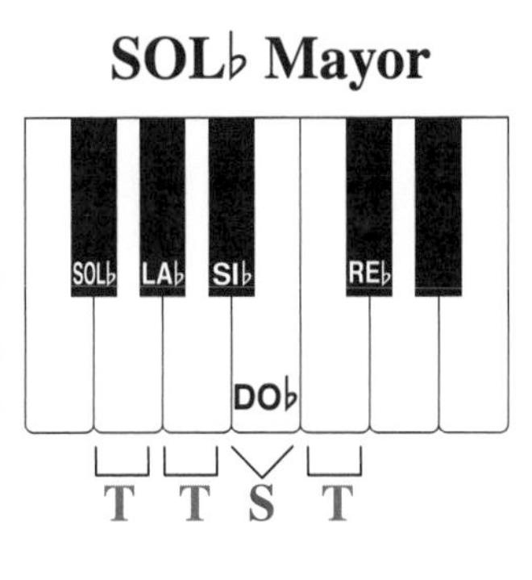

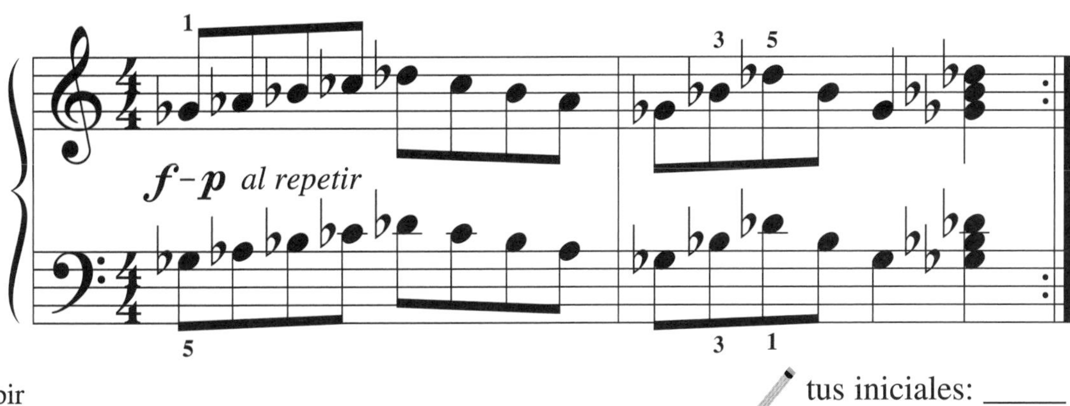

tus iniciales: _____

Esta escala se puede escribir con sostenidos o con bemoles.

FA♯ Mayor

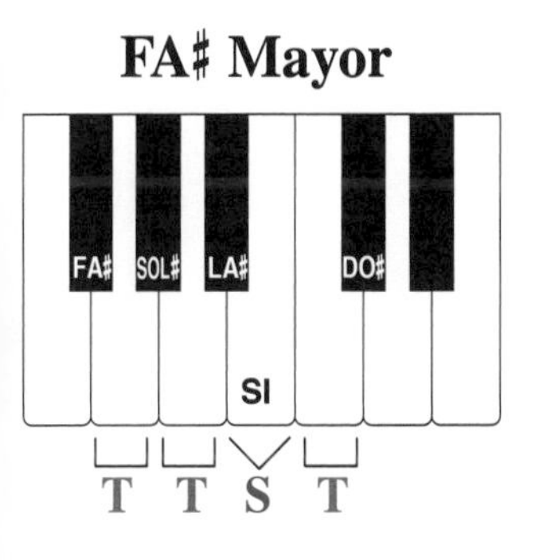

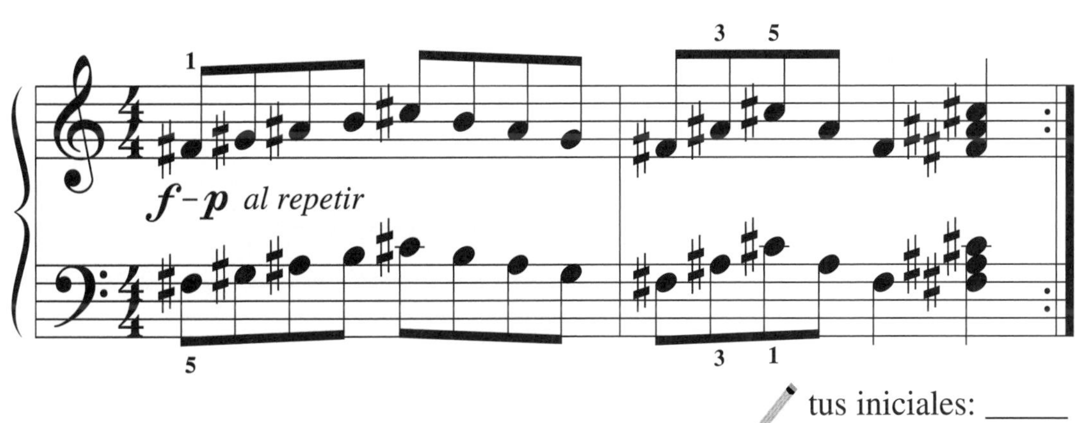

tus iniciales: _____

Nota para el profesor: las siguientes son las **escalas menores de 5 dedos** que comienzan en teclas blancas. Se pueden enseñar después de la página 42 del *Libro de lecciones y teoría*, Nivel 3.

Escalas menores de 5 dedos

Tono - Semitono - Tono - Tono

Pista: los acordes de DO, SOL y FA menor son de teclas **blanca-negra-blanca**.

DO menor

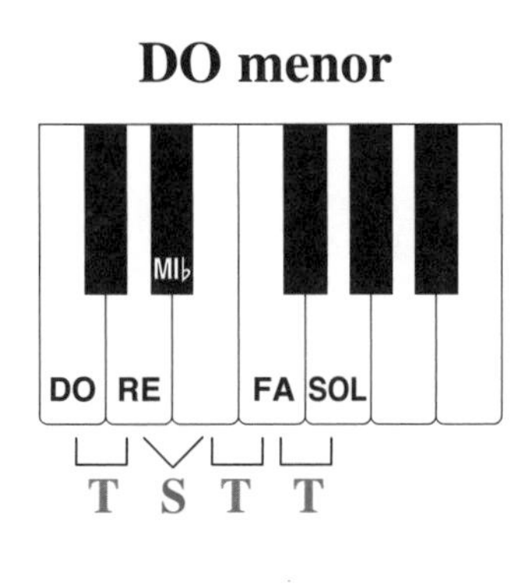

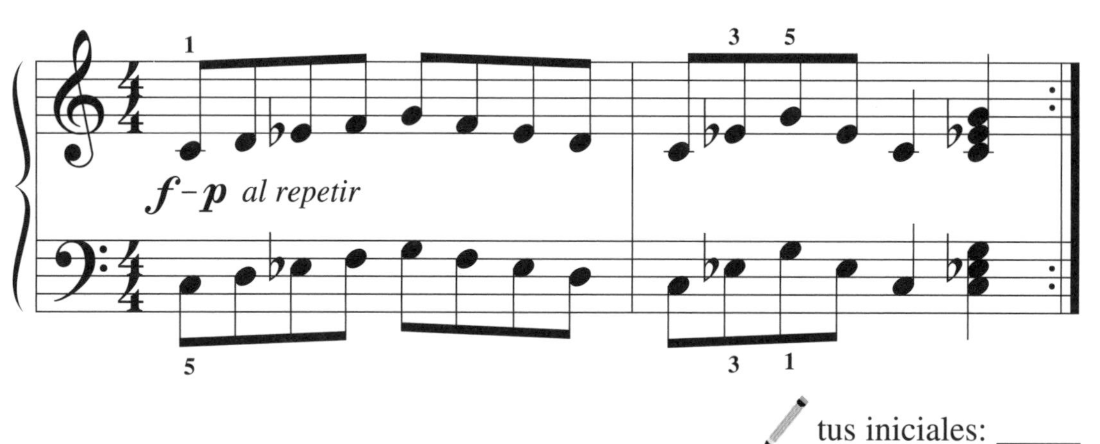

tus iniciales: ______

SOL menor

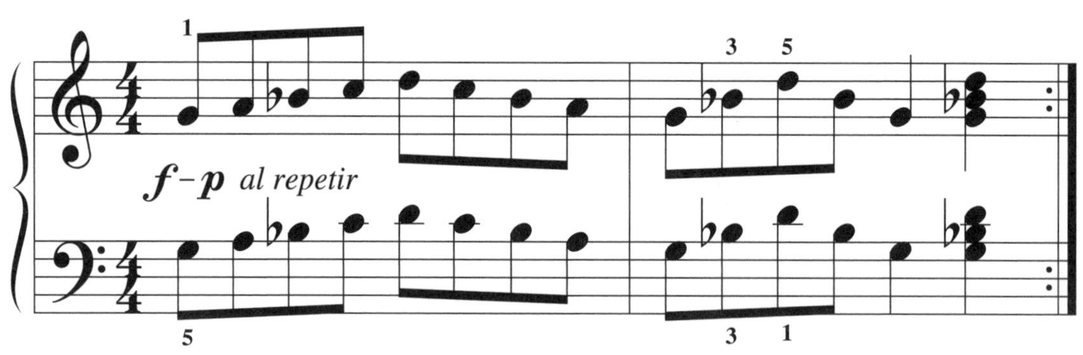

tus iniciales: ______

FA menor

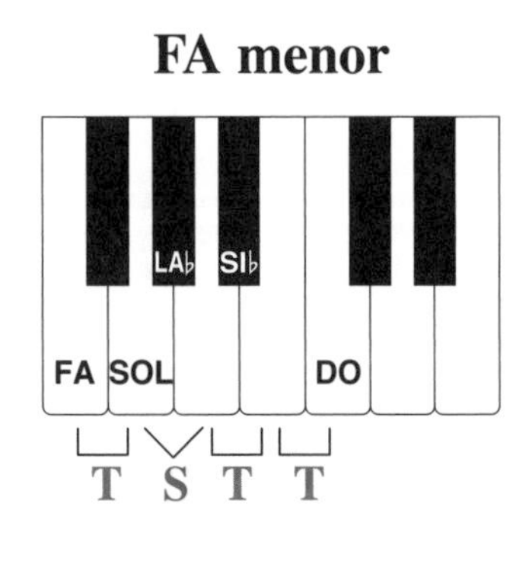

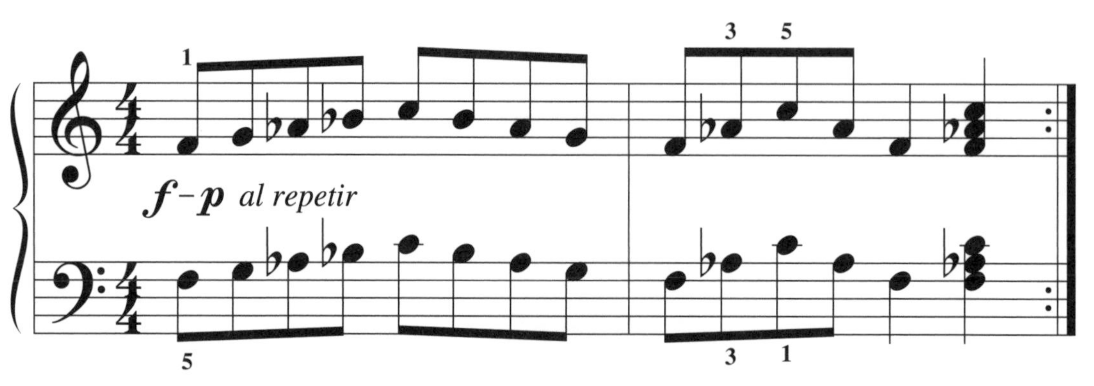

tus iniciales: ______

Pista: los acordes de RE, LA y MI menor son de teclas **blanca-blanca-blanca**.

Re, La y Mi menor

RE menor

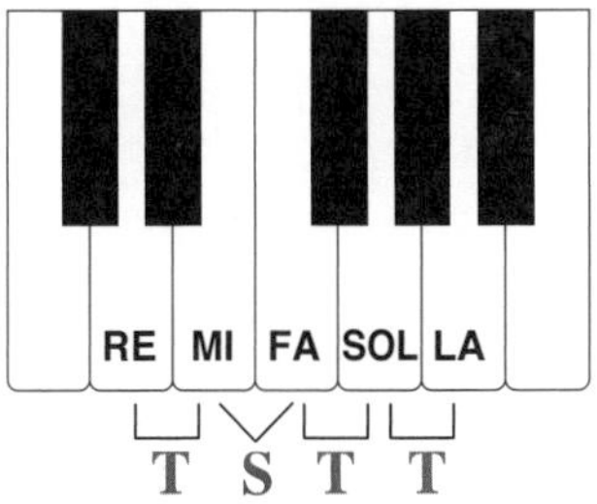

RE MI FA SOL LA

T S T T

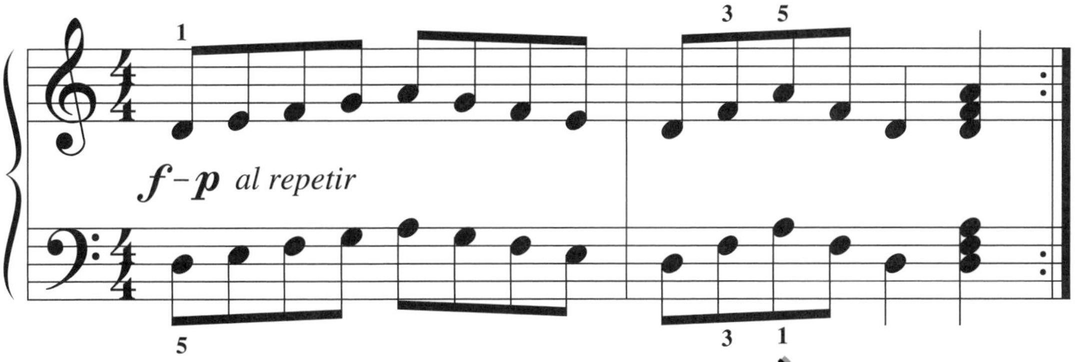

1 3 5

f–*p* al repetir

5 3 1

tus iniciales: _____

LA menor

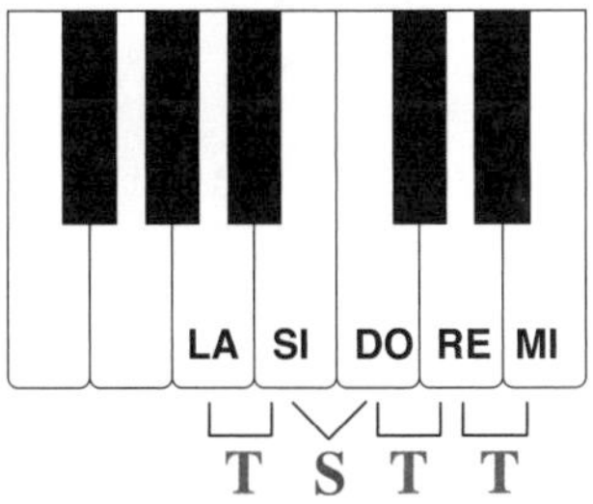

LA SI DO RE MI

T S T T

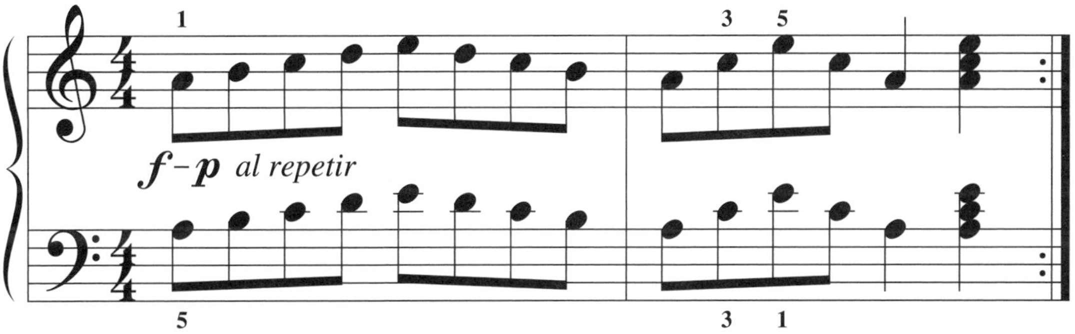

1 3 5

f–*p* al repetir

5 3 1

tus iniciales: _____

MI menor

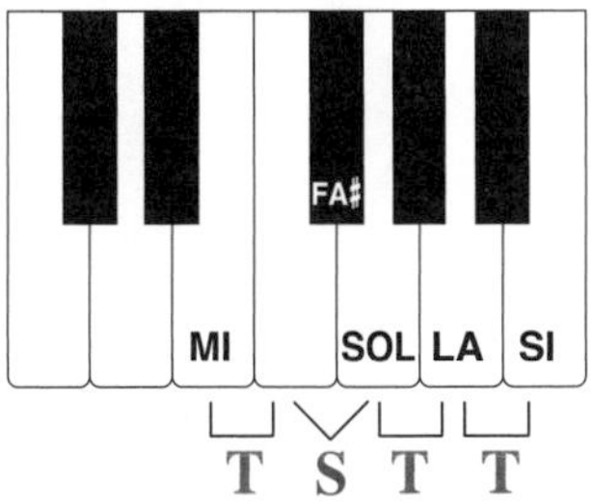

FA♯

MI SOL LA SI

T S T T

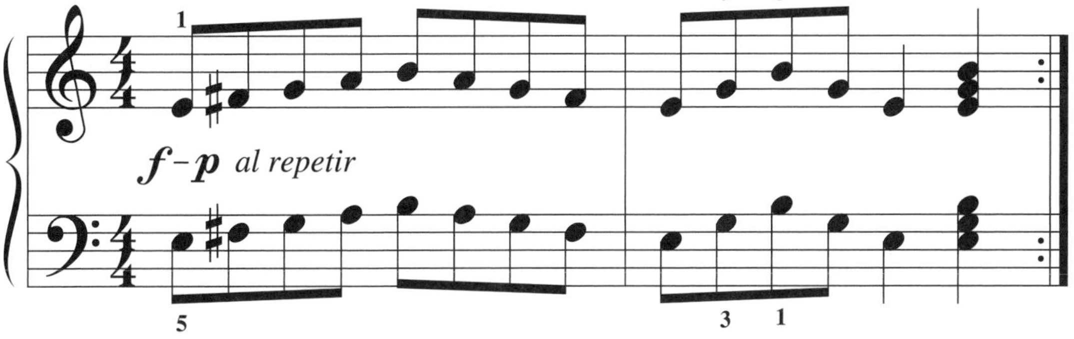

1 3 5

f–*p* al repetir

5 3 1

tus iniciales: _____

Pista: el acorde de SI menor es de teclas **blanca-blanca-negra**.

Si menor

SI menor

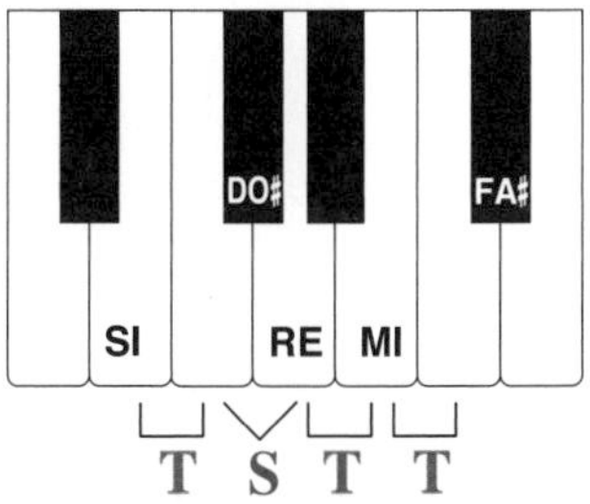

DO♯ FA♯

SI RE MI

T S T T

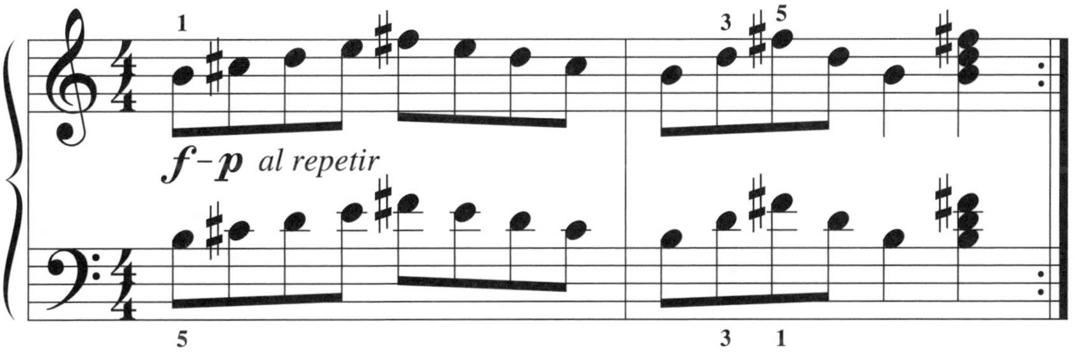

1 3 5

f–*p* al repetir

5 3 1

tus iniciales: _____

Diploma de dedos fabulosos

Felicitaciones a:

____

(Escribe tu nombre)

Has terminado el NIVEL 3 DE TÉCNICA E INTERPRETACIÓN
y estás listo para el NIVEL 4

LECCIONES
Y TEORÍA

TÉCNICA
E INTERPRETACIÓN

Profesor:______________________________________

Fecha:____